数学（上册）

主　编　郭宝元

同济大学出版社
TONGJI UNIVERSITY PRESS

内容提要

数学本身就是让人长智慧，智慧的前提是会思考，思考就要思维清晰，有层次，有比较，有综合，而我国中等职业教育数学教学的现状是学生只擅长做题，不擅长应用数学理论。基于此，为了克服学生的弱点，让学生能够适应时代发展的要求，培养学生的数学思维能力，提高学生的综合素质，本书在编写过程中尽力做到：在结构设计上，注重思维的连贯性、条理性和逻辑性，以期帮助学生理顺数学知识之间的内在联系，提高学生分析问题解决问题的能力；在内容设计上，做到理论联系实际，讲述深入浅出，便于学生掌握学习技巧。层次分明，难度适中，覆盖面广，使广大学生能学有所成，学有所知；在习题设置上，做到了少而精，主要考查学生综合运用数学知识的能力；在形式设计上，结合生活中的许多数学实例，提高学生的综合数学能力，并介绍一些现代数学和信息知识，激发学生学习数学的兴趣，寓教于乐。

图书在版编目（CIP）数据

数学．上册 / 郭宝元主编．—上海：同济大学出版社，2017.8

ISBN 978-7-5608-7290-2

Ⅰ．①数… Ⅱ．①郭… Ⅲ．①数学课—中等专业学校—教材 Ⅳ．① G634.601

中国版本图书馆 CIP 数据核字（2017）第 193869 号

数学（上册）

郭宝元　**主编**

责任编辑　魏国旺　　**责任校对**　徐春莲　　**封面设计**　文　一

出版发行　同济大学出版社　www.tongjipress.com.cn

（地址：上海市四平路 1239 号　邮编：200092　电话：021-65985622）

经　　销　全国各地新华书店

印　　刷　北京瑞斯通印务发展有限公司

开　　本　787mm × 1092mm　1/16

印　　张　10.25

字　　数　210 千字

版　　次　2017 年月 9 第 1 版　2018 年 7 月第 1 次印刷

书　　号　ISBN 978-7-5608-7290-2

定　　价　28 .00 元

前言

《国家中长期教育改革和发展规划纲要(2010—2020 年)》明确提出：中等职业教育与高等职业教育协调发展，构建现代职业教育体系，增强职业教育支撑产业发展的能力。职业教育为社会、经济和人的发展服务，是职业教育理论工作者与实践工作者的共识。要培养高素质的职业教育人才，离不开高质量的学校，离不开高水平的教师，更离不开理念先进、内容丰富、形式新颖的精品教材。为此，我们邀请全国行业职业教育教学指导委员会、全国中等职业教育教学改革创新指导委员会和相关一线专家编写了本套教材。这套教材具有以下特色。

(一)突出数学思维性

把培养数学的思维方式作为教学目标之一，按照数学的思维方式编写每一节的内容，培养学生数学的思维方式有助于他们将来把肩负的工作做好。首先，让学生观察客观世界的现象，抓住其主要特征，抽象出概念或建立模型；其次，进行探索，通过直觉判断或者归纳推理、类比推理做出猜测；最后，进行深入分析和逻辑推理，揭示事物的内在规律，从而使纷繁复杂的现象变得井然有序。

我们按照数学的思维方式编写每一节内容，设立了“实例”“问题”“探索”“新知识”“知识巩固”“知识运用”等小标题。使学生在学习数学知识的同时，受到数学思维方式的熏陶，日积月累地培养学生具有数学的思维方式，以提高学生的素质。

(二)突出基础性

在保证科学性的基础上，降低数学难度，把握数学的根基，使学生扎扎实实地掌握基础知识和基本技能。数学的语言是数学的根基之一，人们在社会上交往必须掌握语言。同样地，要想学好数学就必须了解数学的一些基本用语，如集合、区间等。我们在这套教材的第一册通俗易懂地介绍了集合和区间的概念，然后把这两个概念贯穿到全书，使得许多数学问题的表述既简洁又准确，而且易于理解。

(三)体现分层教学思想

考虑到学生基础的差异性，教材的部分章节中安排了“*”的内容，并且除了每个小节的知识运用外，我们在每节习题和每章复习题中都安排了 A、B 两组题目，用于满足不同层次学生的需求。

(四)体现学生主动参与性

“内因是根据，外因是条件”，我们要创造条件，吸引学生，调动学生内在的积极性，才能使学生学好数学；此外，我们在教材中设立了“实例”“知识链接”“问题”等小标题，让学生在课堂上积极地看、读、说、做和想数学问题，这些小标题在每节中是结合具体数学内容的需要自然而然设立的。

(五)按照学生的认知规律精心安排每节的教学过程

使教师好教，学生易学，有利于提高教学质量。每节的开头，概念的引出都是经过精心设计的。用学生容易理解的实例引出概念，并且在书中增加了“知识回顾”“知识链接”“知识巩固”“知识运用”等生动的附加板块，以增加教材的趣味性，激发学生的学习兴趣。每章结尾都设置了“阅读欣赏”栏目，介绍数学发展、知识运用和视野拓宽，以引发学生的兴趣。

(六)对一些内容的组织和阐述有所完善和调整

本教材上册中，我们对函数的奇偶性、反函数、三角函数的恒等变换等内容的组织和阐述都有完善和调整；本教材下册中，我们关于导数的定义以及导数的基础知识的内在体系也有调整。我们在该章的第一节就给出了变化率的定义，后面结合导数的几何意义对导数的性质及简单运用进行阐述。我们在立体几何内容的组织和阐述上也有创新，恰到好处地运用向量的工具来简洁地解决立体几何的一部分问题。

(七)突出职业性

选择与学生工作岗位相关的素材，与职业岗位的数学应用相结合，体现数学在职业中的应用。

(八)紧密结合学生的生活实际

一方面，从学生的学习生活中引入数学概念；另一方面，利用数学问题解决生活、工作和娱乐中的时间问题，做到数学知识的合理运用。

(九)注意内容章节之间的衔接

全套教材的编写注重内容章节之间的衔接，共分为上、下两册，并体现不同章节的差异性。

本书将当前教育改革的精神以及“教学大纲”提出的教材内容要求与学校实际教学情况相结合，体现用心去工作、用爱去教育的理念与宗旨。基本概念和原理阐述准确，科学事实与社会现象描述清楚，引用数据图表等材料真实可靠；具有较好的知识实用性、结构合理性、教学实用性和使用灵活性。

本书在编写过程中，我们参阅了大量的相关资料，引用了一些最新的研究成果，在此表示深深的谢意！由于编者经验和水平有限，书中难免有不足之处，敬请读者提出宝贵意见和建议，我们将在修订时加以改进和完善。

编　者

目 录

第1章 集合

集合是基本的数学语言，命题是逻辑知识的基本概念．学习及运用这些知识，准确地进行描述并分类研究客观世界中对象的特征，有助于提高我们运用数学语言来刻画现实世界以及进行交流的能力.

本章将介绍有关集合与逻辑关系中的一些基本概念、常用符号和简单运算，为以后更准确地理解和表达有关数学内容做好准备．

1.1 集合的概念

1.1.1　集合与元素

实　例

图 1-1 给出了我国古代四大发明：造纸术、印刷术、火药、指南针．我们可以说，造纸术、印刷术、火药、指南针组成了中国古代四大发明的集合，而造纸术、印刷术、火药、指南针都是这个集合的元素．

图 1-1

知识链接

将某些确定的对象组成的整体叫做**集合**，简称**集**．组成集合的对象叫做这个集合的**元素**．

一般用大写的英文字母 A，B，C，…表示集合，小写的英文字母 a，b，c，…表示集合的元素.

如果 a 是集合 A 的元素，就说 a 属于 A，记作 $a\in A$；

如果 a 不是集合 A 的元素，就说 a 不属于 A，记作 $a\notin A$.

名人名言：一门科学，只有当它成功地运用数学时，才能达到真正完善的地步．

——马克思

知识巩固

例 1　下列对象能否组成集合？

(1)所有小于 5 的正整数；

(2)某班的好学生；

(3)方程 $x^2-4=0$ 的所有解；

(4)不等式 $x-1>0$ 的所有解.

解　(1)由于小于 5 的正整数包括 1，2，3，4，它们是确定的对象，所以可以组成集合；

(2)由于好学生没有给出具体的标准，对象不确定，因此不能组成集合；

(3)方程 $x^2-4=0$ 的解为 -2 和 2，它们是确定的对象，所以可以组成集合；

(4)不等式 $x-1>0$ 的解为 $x>1$，它们是确定的对象，所以可以组成集合.

注意：组成集合的对象是确定的，对象是否确定是判断能否组成集合的重要依据．

知识链接

例 1(1)中，小于 5 的正整数是 1，2，3，4；像这种由数字组成的集合叫做**数集**．

显然，例 1(3)的解集和例 1(4)的不等式的解集都是数集．

数学中一些常用的数集和特殊集合的记法如下：

全体自然数组成的集合叫做**自然数集**，记作 **N**.

全体正整数组成的集合叫做**正整数集**，记作 $\mathbf{N}^*$ 或 $\mathbf{N}_+$．

全体整数组成的集合叫做**整数集**，记作 **Z**.

全体有理数组成的集合叫做**有理数集**，记作 **Q**.

全体实数组成的集合叫做**实数集**，记作 **R**.

不含任何元素的集合叫做**空集**，记作$\varnothing$.

注意：0 也是自然数．

像小于 5 的正整数所组成的集合那样，含有限个元素的集合叫做**有限集**；像不等式 $x-1>0$ 的解集那样，含无限个元素的集合叫做**无限集**.

注意：有些集合采用在字母下标位置标注"+"或"−"来表示．

特定集合，如正整数集表示为 $\mathbf{Z}_+$，负整数集表示为 $\mathbf{Z}_-$．

知识运用

1. 下列对象能否组成集合？并指出哪些是空集.

(1)某学校长得高的学生；

(2)大于 3 并且小于 0 的整数；

(3)方程 $x+3=8$ 的解.

2. 用符号"∈"或"∉"填空.

(1)-3 ________ **N**，0 ________ $\mathbf{N}^*$，5 ________ $\mathbf{N}^*$；

(2)2.5 ________ **Z**，-5 ________ **Z**，3 ________ **Z**；

(3)$\frac{1}{3}$ ________ **Q**，3.14 ________ **Q**，π ________ **Q**；

(4)π ________ **R**，10 ________ **R**，3.34 ________ **R**.

1.1.2 集合的表示法

1. 列举法

实 例

2016 年 NBA 全明星赛，中国艺人吴亦凡也参加了在加拿大举行的全明星赛．正式的 NBA 全明星参赛的东部首发球员有：詹姆斯、韦德、安东尼、乔治、洛瑞.

知识链接

2016 年 NBA 全明星赛东部首发的成员集合可以表示为

{詹姆斯，韦德，安东尼，乔治，洛瑞}.

这种表示集合的方法叫做**列举法**．具体方法是：将集合的元素一一列出，用逗号分隔，再用花括号括为一个整体．例如，方程 $x^2-1=0$ 的解集，用列举法可以表示为{−1，1}.

无限集或元素很多的有限集，可以在花括号内只写出几个元素，其他元素用省略号表示．例如，正奇数集可以表示为{1，3，5，…}，由小于 100 的自然数组成的集合可以表示为{0，1，2，…，99}.

注意：用这种省略的方法表示时，写出的元素必须要让人明白表示的集合省略了哪些元素．

列举法表示集合时，元素的顺序是任意的．例如，集合{−1，1}与集合{1，−1}表示同一个集合．集合中的元素是不重复的．例如，不能用{1，−1，1}表示集合{−1，1}.

知识巩固

例 2　用列举法表示下列各集合：

(1)大于−6 小于 6 的偶数组成的集合；

(2)方程 $x^2-x-6=0$ 的所有解组成的解集.

分析　这两个集合都是有限集．第(1)题的元素可以直接列举出来；第(2)题的元素需要解出方程的解才能得到.

解　(1){−4，−2，0，2，4}；

(2)方程 $x^2-x-6=0$ 的解为 $x_1=-2$，$x_2=3$，故解集为{−2，3}.

2. 描述法

问　题

怎样表示“小于 10 的所有实数组成的集合”呢？

知识链接

显然，小于 10 的实数有无穷多个，而且无法一一列出来，因此，这个集合要采用一种新的方法来表示.

这个集合的元素具有如下特征性质：

(1)集合的元素都小于 10；

(2)集合的元素都是实数.

利用元素所具有的特征性质，可将这个集合表示为

$$\{x\in\mathbf{R}\mid x<10\}.$$

利用元素的特征性质来表示集合的方法叫做**描述法**．具体方法是：在花括号中画一条竖线，竖线的左侧写上集合的代表元素 x，并标出元素的取值范围，竖线的右侧写出元素

所具有的特征性质.

注：当集合的元素取值范围为实数 **R** 时，可以不标出元素的取值范围，上述集合可以表示为$\{x|x<10\}$.

名人名言：数学是符号加逻辑.

——罗素

知识巩固

例 3　用描述法表示下列集合：

(1)大于-6的所有整数组成的集合；

(2)不等式$2x-6\leqslant 0$的解集；

(3)所有偶数组成的集合；

(4)在平面直角坐标系中，由第一象限的所有点组成的集合.

分析　第(1)题元素取值范围是整数，需要标出；第(2)题元素的特征性质可以通过解不等式得到，元素取值范围是实数 **R**；第(3)题偶数的特征性质就是能写成$2k(k\in \mathbf{Z})$的形式；第(4)题第一象限内的点的特征性质是横坐标与纵坐标都是正数，即$x>0$，$y>0$.

解　(1)大于-6的所有整数组成的集合为$\{x\in \mathbf{Z}|x>-6\}$；

(2)不等式$2x-6\leqslant 0$的解为$x\leqslant 3$，所以不等式的解集为$\{x|x\leqslant 3\}$；

(3)所有偶数组成的集合为$\{x|x=2k,k\in \mathbf{Z}\}$；

(4)由第一象限的所有点组成的集合为$\{(x,y)|x>0,y>0\}$.

为了简便，在使用描述法表示某些集合时，可以省略竖线及其左侧代表元素，用描述性语言来描述集合的特征性质．例如，所有正奇数组成的集合可以表示为{正奇数}.

用列举法表示集合，可以明确地看到集合的元素；用“描述法”表示集合，可以清晰地反映出元素的特征性质．在具体问题中，可以灵活地选用适当的表示方法表示集合.

总结：某些集合中的元素不可能一一地列举出来，有时也不便于一一列举出来，这样的集合用描述法简便些，如例 3 中的(2)，(3)，(4)有些时候用描述法表示就显得复杂，而用列举法可以简单直观地表示，如例 3 中的(1).

知识运用

1. 用列举法表示下列各集合：

(1)由 1，3，5，7，9 组成的集合；　　(2)方程$x^2-4x+3=0$的解集；

(3)所有自然数组成的集合；　　(4)小于 10 的正偶数组成的集合.

2. 用描述法表示下列各集合：

(1)大于 5 的所有实数组成的集合；　　(2)小于 30 的所有自然数组成的集合；

(3)不等式$2x-3>1$的解集；　　(4)由第三象限的所有点组成的集合.

习题 1.1

A 组

1. 指出下列各集合中，哪些是空集？哪些是有限集？哪些是无限集？

(1) $\{x \mid x-1=0\}$；　　(2) $\{x \mid x^2+1=0\}$；

(3) $\{x\in\mathbf{Z} \mid -3\leqslant x<2\}$；　　(4) $\{(x,y) \mid x=y\}$.

2. 用列举法表示下列各集合：

(1) 小于 5 的所有正整数组成的集合；

(2) 绝对值小于 3 的所有整数组成的集合；

(3) 方程 $3x-11=1$ 的解集.

3. 用描述法表示下列集合：

(1) 大于 -2 小于 4 的所有整数组成的集合；

(2) 绝对值小于 5 的所有实数组成的集合；

(3) x 轴上的所有点组成的集合.

B 组

1. 用列举法表示下列各集合：

(1) 9 的平方根组成的集合；

(2) 所有负偶数组成的集合；

(3) $\{x\in\mathbf{Z} \mid -\frac{1}{2}\leqslant x<5\}$；

(4) $\{x \mid x=3k+1, -2<x<2, k\in\mathbf{Z}\}$.

2. 选用适当的方法表示下列各集合：

(1) 被 5 整除余数为 1 的所有整数组成的集合；

(2) 第一、第二象限的点组成的集合.

1.2 集合的基本关系

1.2.1 子集

问题

某校一年级特色课程可以组成一个集合 $A=\{$军事，跆拳道，礼仪，形体$\}$，二年级特色课程可以组成集合 $B=\{$军事，跆拳道，礼仪，形体，音乐，美术$\}$，那么，集合 A 与 B 之间存在什么关系呢？

通过观察，集合 A 的元素都是集合 B 的元素.

知识链接

一般地，如果集合 A 的元素都是集合 B 的元素，那么，把集合 A 叫做集合 B 的**子集**.

记作 $A\subseteq B$(或 $B\supseteq A$)，读作“A 包含于 B”(或“B 包含 A”).

集合 A 是集合 B 的子集，可以用 Venn 图直观的表示，两个封闭曲线的内容分别表示集合 A 和集合 B. 如图 1-2 所示.

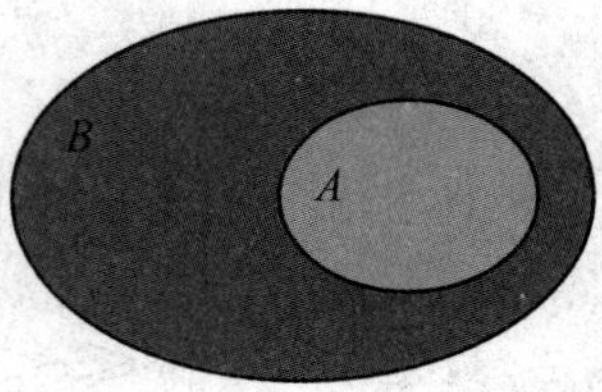

图 1-2

由子集的定义可知，任何一个集合都是它本身的子集，即 $A\subseteq A$.

规定：空集是任何集合的子集，即 $\varnothing\subseteq A$.

知识巩固

例 1 用符号“$\subseteq$”，“$\supseteq$”，“$\in$”，“$\notin$”填空.

(1) $\{a, b, c, d\}$________ $\{a, b, c\}$； (2) $\varnothing$________ $\{0\}$；

(3) 0 ________ $\mathbf{N}$； (4) e ________ $\{a, b, c\}$；

(5) $\mathbf{N}$ ______ $\mathbf{Z}$； (6) $\{x|2<x<4\}$______ $\{x|1\leqslant x\leqslant 5\}$.

分析 “$\subseteq$”，“$\supseteq$”和“$=$”是用来表示集合与集合之间的关系符号，本题中，(1)，(2)，(5)，(6)研究的是集合与集合之间的关系；

“$\in$”和“$\notin$”是用来表示元素与集合之间的关系符号，本题中，(3)，(4)研究的是元素与集合之间的关系.

解 (1)集合 $\{a, b, c\}$ 的元素都是集合 $\{a, b, c, d\}$ 的元素，因此 $\{a, b, c, d\}\supseteq\{a, b, c\}$；

(2)空集是任何集合的子集，因此 $\varnothing\subseteq\{0\}$；

(3) 0 是自然数，因此 $0\in\mathbf{N}$；

(4) e 不是集合 $\{a, b, c\}$ 的元素，因此 $e\notin\{a, b, c\}$；

(5)正整数都是整数，因此 $\mathbf{N}^*\subseteq\mathbf{Z}$；

(6)集合 $\{x \mid 2<x<4\}$ 的元素都是集合 $\{x|1\leqslant x\leqslant 5\}$ 的元素，因此 $\{x|2<x<4\}\subseteq\{x|1\leqslant x\leqslant 5\}$.

知识运用

用符号“$\subseteq$”，“$\supseteq$”，“$\in$”，“$\notin$”填空.

(1) $\mathbf{N}$ ________ $\mathbf{N}^*$； (2) 0 ________ $\varnothing$；

(3) $\{1\}$________ $\{0, 1\}$； (4) b ________ $\{a, b, c\}$；

(5) π ________ $\mathbf{R}$； (6) $\{x|0<x\leqslant 4\}$________ $\{x|-1\leqslant x\leqslant 4\}$.

1.2.2 真子集

实 例

设集合 $A=\{1, 2\}$，集合 $B=\{1, 2, 3, 4\}$，集合 A 中的元素都是集合 B 中的元素，并且，集合 A 中的元素只是集合 B 中的一部分，这时我们把集合 A 称为集合 B 的真子集.

知识链接

如果集合 A 是集合 B 的子集，并且集合 B 中至少有一个元素不属于 A，那么把 A 叫做 B 的**真子集**．记作 $A \subsetneqq B$(或 $B \supsetneqq A$)，读作**"A 真包含于 B"**(或**"B 真包含 A"**)．

由真子集的定义可知，空集是任何非空集合的真子集，即 $\varnothing \subsetneqq A(A \neq \varnothing)$．

想一想：真子集与子集的区别是什么？

知识巩固

例 2　写出集合$\{0，1，2\}$的所有子集，并指出哪些是它的真子集．

分析　集合中含 3 个元素，其子集可以是$\varnothing$、含 1 个元素、含 2 个元素和它本身．

解　$\{0，1，2\}$的所有子集是：

$\varnothing$，$\{0\}$，$\{1\}$，$\{2\}$，$\{0，1\}$，$\{0，2\}$，$\{1，2\}$，$\{0，1，2\}$．

除它本身以外，其余 7 个都是它的真子集．

知识运用

1. 设集合 $M=\{a，b\}$，试写出集合 M 的所有子集，并指出其中的真子集．

2. 设集合 $A=\{x|0<x<5\}$，集合 $B=\{x|x<10\}$，指出集合 A 与集合 B 之间的关系．

1.2.3　集合相等

实　例

观察集合 $A=\{x||x|=4\}$与集合 $B=\{-4，4\}$．由于方程 $|x|=4$ 的解为 $x_1=-4$，$x_2=4$，解集用列举法表示为$\{-4，4\}$，因此，集合 A 与集合 B 的元素完全相同．

知识链接

如果集合 A 的元素与集合 B 的元素完全相同，那么就说这两个集合**相等**．记作 $A=B$，读作集合 A 等于集合 B．如图 1-3 所示．

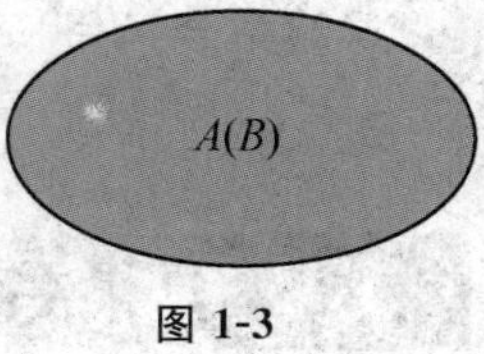

图 1-3

两个集合相等，是指集合 A 的元素与集合 B 的元素相同，即元素的数量和内容是一样的，但元素的顺序和集合表示形式可以不同．

实例中的两个集合相等，即$\{x||x|=4\}=\{-4,4\}$．

知识巩固

例 3　判断集合 $A=\{x||x|=1\}$与集合 $B=\{x|x^2-1=0\}$的关系．

解　由$|x|=1$ 得 $x_1=-1$，$x_2=1$，所以集合 A 用列举法表示为 $A=\{-1，1\}$．

由 $x^2-1=0$ 得 $x_1=-1$，$x_2=1$，所以集合 A 用列举法表示为 $B=\{-1，1\}$．

因此，集合 A 的元素与集合 B 的元素完全相同，故 $A=B$.

知识运用

1. 用符号"$\subseteq$"，"$\supseteq$"，"$\in$"，"$\notin$"，"$=$"填空.

(1)$\{1, 3, 5\}$________$\{1, 2, 3, 4, 5\}$；　　(2)0 ________$\varnothing$；

(3)0 ________ $\mathbf{N}$；　　(4)a ________$\{a, b\}$；

(5)$\{x|x^2-1=0\}$________$\{x||x|=1\}$；　　(6)$\mathbf{N}$ ________ $\mathbf{R}$.

2. 指出下列集合之间的关系：

(1)集合 $A=\{x\in\mathbf{N}|4<x<8\}$与集合 $B=\{5, 6, 7\}$；

(2)集合 $A=\{x|2\leqslant x<5\}$与集合 $B=\{2, 3, 4, 5\}$.

习题 1.2

A 组

1. 用符号"$\subseteq$"，"$\supseteq$"，"$\in$"，"$\notin$"，"$=$"填空.

(1)$\{1, 3, 5\}$________$\{1, 2, 3, 4, 5\}$；　　(2)3 ________$\{x|x+3=0\}$；

(3)$\mathbf{Q}$ ________ $\mathbf{N}$；　　(4)a ________$\{a, b\}$；

(5)$\{x|x^2+1=1\}$________$\{x||x|=0\}$；　　(6)$\mathbf{Z}$ ________ $\mathbf{Q}$.

2. 指出下列各题中集合之间的关系：

(1)集合$\{x|x^2-5x+6=0\}$与集合$\{1, 2, 3, 4\}$；

(2)集合$\{x|1\leqslant x\leqslant 4\}$与集合$\{1, 2, 3, 4\}$；

(3)集合$\{x|1\leqslant x\leqslant 4\}$与集合$\{2, 3, 4\}$；

(4)集合$\{x|x^2-3x-4=0\}$与集合$\{-1, 4\}$.

3. 集合$\{1, 2, 3, 4\}$的所有子集有________个，其中含 3 个元素的真子集有________个.

B 组

指出下列各题中集合的关系：

(1)集合 $A=\{x|x=3k, k\in\mathbf{Z}\}$与集合 $B=\{x|x=6k, k\in\mathbf{Z}\}$；

(2)集合 $A=\{x|x=2k, k\in\mathbf{Z}\}$与集合 $B=\{x|x=2k+2, k\in\mathbf{Z}\}$.

1.3 集合的运算

1.3.1　交集

实　例

对于集合 $A=\{1, 2, 3, 4\}$，集合 $B=\{2, 4, 6, 8\}$，容易看出集合 $C=\{2, 4\}$是由集合 A 与 B 的所有公共元素组成的(图 1-4).

知识链接

一般地，由既属于集合 A 又属于集合 B 的所有元素组成的集合，叫做集合 A 与集合 B 的**交集**(图 1-5)，记作 $A\cap B$，读作“**A 交 B**”，即

$$A\cap B=\{x\mid x\in A \text{ 且 } x\in B\}.$$

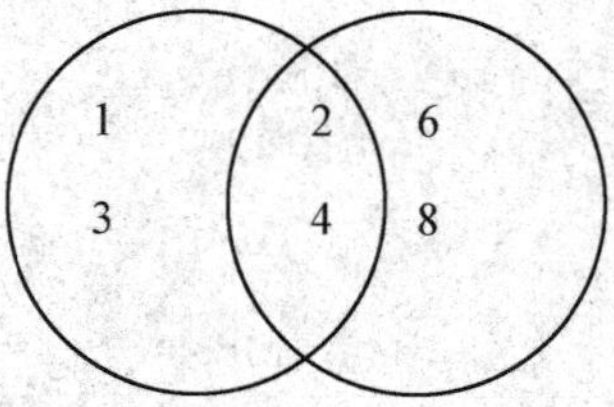

图 1-4

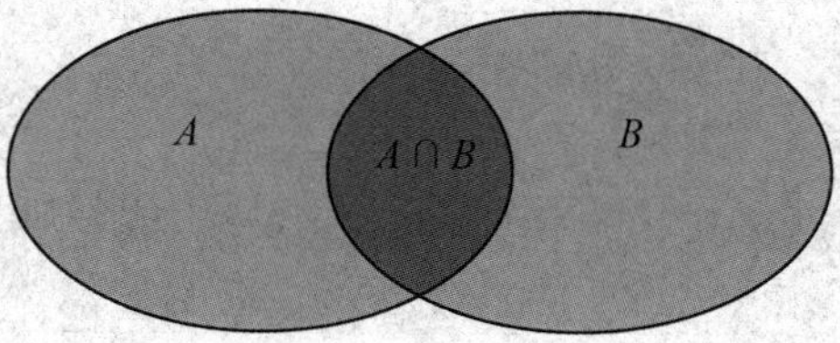

图 1-5

根据交集定义可知，对于任意集合 A，B，有

(1)$A\cap B=B\cap A$；

(2)$A\cap A=A$，$A\cap\varnothing=\varnothing$；

(3)$A\cap B\subseteq A$，$A\cap B\subseteq B$.

想一想：集合 A 与集合 B 的交集能否为空集，能否为集合 A 或集合 B？画图说明你的结论．

知识巩固

例 1　设集合 $A=\{1，3，5\}$，$B=\{3，4，5，6\}$，求 $A\cap B$.

解　$A\cap B=\{1，3，5\}\cap\{3，4，5，6\}=\{3，5\}$.

例 2　设集合 $A=\{x\mid 0<x\leqslant 2\}$，$B=\{x\mid 1\leqslant x<3\}$，求 $A\cap B$.

分析　这两个集合都是用描述法表示的集合，并且元素不能一一列举出来，因此我们将两个集合在数轴上表示出来(图 1-6)，观察数轴就可以得到两个集合的交集.

图 1-6

$A\cap B=\{x\mid 0<x\leqslant 2\}\cap\{x\mid 1\leqslant x<3\}=\{x\mid 1\leqslant x\leqslant 2\}$.

例 3　设集合 $A=\{(x,y)\mid 2x-y=0\}$，$B=\{(x,y)\mid x+y=3\}$，$A\cap B$.

分析　集合 A 表示方程 $2x-y=0$ 的解集，是点集，集合 B 表示方程 $x+y=3$ 的解集，也是点集．两个方程的交集就是二元一次方程组 $\begin{cases}2x-y=0,\\x+y=3\end{cases}$ 的解集.

解　解方程组 $\begin{cases}2x-y=0,\\x+y=3,\end{cases}$ 得 $\begin{cases}x=1,\\y=2,\end{cases}$ 所以 $A\cap B=\{(1，2)\}$.

说明：例 3 中二元一次方程组的解集是一组有序实数对，是点集，因此用集合表示为 $\{(1，2)\}$.

知识运用

1. 设集合 $A=\{-1, 0, 1, 2\}$，$B=\{0, 2, 4\}$，求 $A\cap B$.
2. 设集合 $A=\{x|-1<x\leqslant 2\}$，$B=\{x|0\leqslant x\leqslant 3\}$，求 $A\cap B$.
3. 设集合 $A=\{(x,y)|2x+y=0\}$，$B=\{(x,y)|x-y=3\}$，求 $A\cap B$.

1.3.2 并集

实 例

对于集合 $A=\{1, 2, 3, 4\}$，集合 $B=\{2, 4, 6, 8\}$，容易看出集合 $C=\{1, 2, 3, 4, 6, 8\}$是由集合 A 与 B 的所有元素组成的(图 1-7).

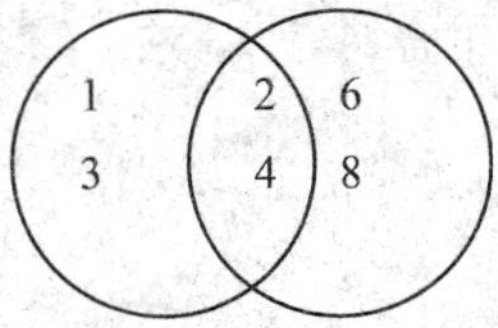

图 1-7

知识链接

一般地，由属于集合 A 或属于集合 B 的所有元素组成的集合，叫做集合 A 与集合 B 的**并集**(图 1-8)，记作 $\boldsymbol{A\cup B}$，读作“**A 并 B**”，即

$$A\cup B=\{x|x\in A \text{ 或 } x\in B\}.$$

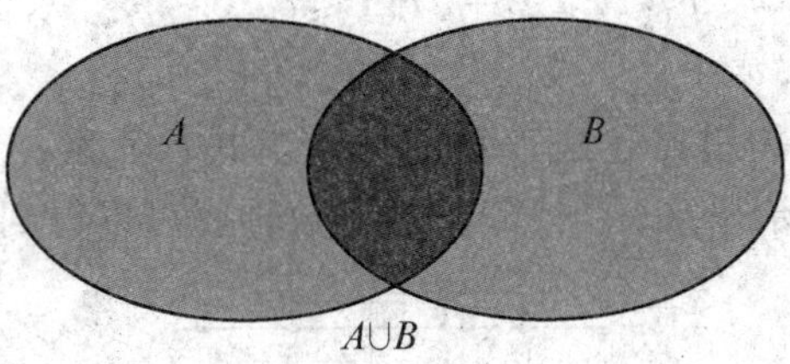

图 1-8

根据并集定义可知，对于任意集合 A，B，有

(1)$A\cup B=B\cup A$；

(2)$A\cup A=A$，$A\cup\varnothing=A$；

(3)$A\subseteq A\cup B$，$B\subseteq A\cup B$.

想一想：集合 A 与集合 B 的并集能否为集合 A 或集合 B？画图说明你的结论．

知识巩固

例 4 设集合 $A=\{1, 3, 5\}$，$B=\{3, 4, 5, 6\}$，求 $A\cup B$.

解　$A\cup B=\{1, 3, 5\}\cup\{3, 4, 5, 6\}=\{1, 3, 4, 5, 6\}$.

例 5　设集合 $A=\{x \mid 0<x\leqslant 2\}$，$B=\{x \mid 1\leqslant x<3\}$，求 $A\cup B$.

分析　这两个集合都是用描述法表示的集合，并且元素不能一一列举出来，因此我们将两个集合在数轴上表示出来，观察数轴就可以得到两个集合的并集，如图 1-9 所示．

图 1-9

$$A\cup B=\{x|0<x\leqslant 2\}\cup\{x|1\leqslant x<3\}=\{x|0<x<3\}.$$

知识运用

1. 设集合 $A=\{-1, 0, 1, 2\}$，$B=\{0, 2, 4\}$，求 $A\cup B$.
2. 设集合 $A=\{x|-1<x\leqslant 2\}$，$B=\{x|0\leqslant x\leqslant 3\}$，求 $A\cup B$.

1.3.3　全集与补集

实　例

对于集合 $U=\{1, 2, 3, 4, 5\}$，其中集合 U 中的所有奇数可以组成集合 $A=\{1, 3, 5\}$，则剩下的偶数可以组成集合 $B=\{2, 4\}$.

知识链接

在研究某些集合时，这些集合常常是一个给定集合的子集，这个给定集合叫做**全集**，一般用 U 来表示．在研究数集时，经常把实数集 **R** 作为全集.

如果集合 A 是全集 U 的子集，那么由 U 中不属于 A 的所有元素组成的集合叫做 A 在全集 U 中的**补集**(图 1-10)，记作 $\complement_U A$，读作"**A 在 U 中的补集**"，即

$$\complement_U A=\{x|x\in U 且 x\notin A\}.$$

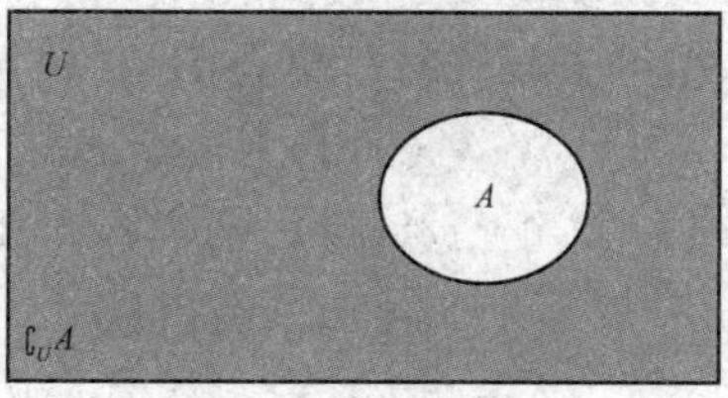

图 1-10

由补集的定义可知，对于任意集合 A，都有

(1)$A\cap\complement_U A=\varnothing$；

(2)$A\cup\complement_U A=U$；

(3)$\complement_U(\complement_U A)=A$.

小提示：如果全集 U 为实数 **R** 时，可以省略 $\complement_U A$ 中的 U，将 $\complement_U A$ 简写为 $\complement A$.

知识巩固

例 6 设集合 $U=\{0,1,2,3,4,5\}$，$A=\{1,3,5\}$，$B=\{2,4\}$，求 $\complement_U A$，$\complement_U B$.

解 $\complement_U A=\{0,2,4\}$，$\complement_U B=\{0,1,3,5\}$.

例 7 设 $U=\mathbf{R}$，集合 $A=\{x|0<x\leqslant 2\}$，求 $\complement A$.

分析 在数轴上做出全集 U 和集合 A，如图 1-11 所示，观察可以得到 $\complement A$.

解 $\complement A=\complement_U A=\{x|x\leqslant 0$ 或 $x>2\}$.

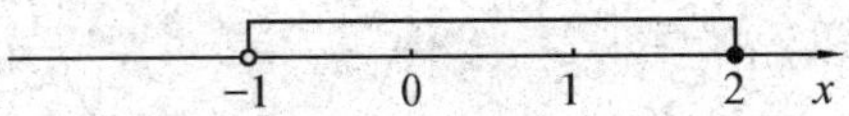

图 1-11

知识运用

1. 设集合 $U=\{$小于 5 的自然数$\}$，$A=\{0,1,4\}$，求 $\complement_U A$.

2. 设 $U=\mathbf{R}$，集合 $A=\{x|-1<x\leqslant 2\}$，求 $\complement A$.

3. 设 $U=\mathbf{R}$，集合 $A=\{x|-1<x\leqslant 2\}$，$B=\{x|x>0\}$，求：

(1) $A\cap B$； (2) $\complement_U B$；

(3) $(\complement_U A)\cup(\complement_U B)$； (4) $\complement_U(A\cap B)$.

习题 1.3

A 组

1. 已知集合 $A=\{1,2,3,4\}$，集合 $B=\{2,3,4,6\}$，求 $A\cap B$，$A\cup B$.

2. 已知全集 $U=\mathbf{R}$，$\mathbf{Q}$ 是有理数集，求 $\complement\mathbf{Q}$.

3. 已知全集 $U=\mathbf{R}$，集合 $A=\{x|x<2\}$，集合 $B=\{x|-3\leqslant x<0\}$，求：

(1) $A\cap B$，$A\cup B$； (2) $\complement_U A$，$\complement_U B$.

4. 设全集 $U=\{1,2,3,4,5,6\}$，$A=\{1,3,4\}$，$B=\{2,4,6\}$，求：

(1) $A\cap B$，$A\cup B$； (2) $\complement_U(A\cap B)$； (3) $(\complement_U A)\cup(\complement_U B)$.

5. 设全集 $U=\{x|-5\leqslant x<3\}$，$A=\{x|-2\leqslant x<2\}$，$B=\{x|0\leqslant x<3\}$，求：

(1) $A\cup B$； (2) $\complement_U(A\cap B)$.

B 组

1. 设集合 $A=\{x\in\mathbf{Z}|-2\leqslant x<2\}$，集合 $B=\{x|x<5\}$，求 $A\cap B$，$A\cup B$.

2. 已知集合 $A=\{1,2,3,4,5\}$，$A\cap B=\{2,4,5\}$，$A\cup B=\{1,2,3,4,5,6\}$，求集合 B.

1.4 逻辑用语

知识回顾

在初中，我们知道能判断真假的陈述句叫做命题．经常使用 p，q，r，s，…来表示命题．正确的命题为**真命题**，错误的命题为**假命题**.

例如，p：10 是 5 的倍数，q：$4>-10$. 其中，p 为真命题，q 为假命题.

利用“如果……，那么……”将两个命题联结起来可以组成一个新的命题．例如，如果两条直线相交，那么对顶角相等．这类命题的一般形式为“如果 p，那么 q”，p 是条件，q 是结论．

知识链接

在学习命题中，有时条件成立可以推出结论成立，如 p：$x=1$，q：$x^2-1=0$. 有时结论成立可以推出条件成立，如 p：$x>0$，q：$x>3$. 有时条件成立和结论成立可以互相推出，如 p:$|x|=1$，q:$x^2-1=0$. 这就是本小节要学习的三种条件．

设有条件 p 和结论 q，则有

(1)如果条件 p 成立可以推出结论 q 成立，则称 p 是 q 的**充分条件**，记作“$p\Rightarrow q$”，读作“p 推出 q”；

(2)如果条件 q 成立可以推出结论 p 成立，则称 p 是 q 的**必要条件**，记作“$p\Leftarrow q$”，读作“q 推出 p”；

(3)如果 $p\Rightarrow q$ 且 $p\Leftarrow q$，那么是 p 是 q 的**充分且必要条件**，简称**充要条件**，记作“$p\Leftrightarrow q$”，又称 p 与 q 等价，读作“p 等价于 q”.

知识巩固

例 1　判断下列命题中，p 是 q 的什么条件：

(1)p:$x>2$,q:$x>5$；

(2)p:$x-1=0$,q:$x^2+2x-3=0$；

(3)p:$|x|=0$，q:$x=0$.

解　(1)由条件“$x>2$”成立，不可以推出结论 $x>5$ 成立，如$x=3$时，“$3>2$”成立，但“$3>5$”不成立，因而 p 不是 q 的充分条件；而由结论“$x>5$”成立，能推出条件“$x>2$”成立，因此 p 是 q 的必要条件($p\Leftarrow q$).

(2)由条件“$x-1=0$”成立，可以推出结论“$x^2+2x-3=0$”成立，因此 p 是 q 的充分条件；而由结论“$x^2+2x-3=0$”成立，不能推出条件“$x-1=0$”成立，如 $x=-3$ 时，“$x^2+2x-3=0$”成立，而“$x-1=0$”不成立，因此 p 不是 q 的必要条件($p\Rightarrow q$).

(3)由条件“$|x|=0$”成立，可以推出结论“$x=0$”成立，因此 p 是 q 的充分条件；而由结论“$x=0$”成立，能推出条件“$|x|=0$”成立，因此 p 是 q 的必要条件，所以 p 是 q 的充

要条件（$p\Leftrightarrow q$）.

知识运用

判断下列命题中，条件 p 是结论 q 的什么条件：

(1) p：$2x>-6$，q：$x>-5$；　　(2) p：$a=b$，q：$(a-b)^2=0$；

(3) p：$|x|=1$，q：$x=1$；　　(4) p：$x>2$，q：$x>-3$.

习题 1.4

A 组

1. 用符号"$\Rightarrow$"，"$\Leftarrow$"，"$\Leftrightarrow$"填空.

(1)"$x=5$"________"$|x|=5$"；

(2)"$x-5<0$"________"$x<-2$"；

(3)"a 是正整数"________"a 是有理数"；

(4)"a 是 2 的倍数"________"a 是 8 的倍数"；

(5)"三角形的三边相等"________"三角形的三个角相等".

2. 判断下列各组命题中，条件 p 是结论 q 的什么条件：

(1) p：$3x-6>0$，q：$x>4$；　　(2) p：$a=0$，q：$ab=0$；

(3) p：$a>1$，q：$a>-1$；　　(4) p：$a=b$，q：$a+c=b+c$.

B 组

1. 用"充分不必要条件"、"必要不充分条件"、"充要条件"填空.

(1)"$a=-b$"是"$a^2=b^2$"的________；

(2)"a 是无理数"是"$a+3$ 是无理数"的________；

(3)"$|a|=2$"是"$a=-2$"的________.

2. 判断下列各组命题中，条件 p 是结论 q 的什么条件：

(1) p：$a>2$，$b>1$，q：$a+b>2$；

(2) p：$ab>2$，q：$a>2$，$b>1$；

(3) p：$a=0$，$b=1$，q：$a^2+(b-1)^2=0$；

(4) p：$a>b>0$，q：$|a|>|b|$.

本章小结

一、本章知识结构

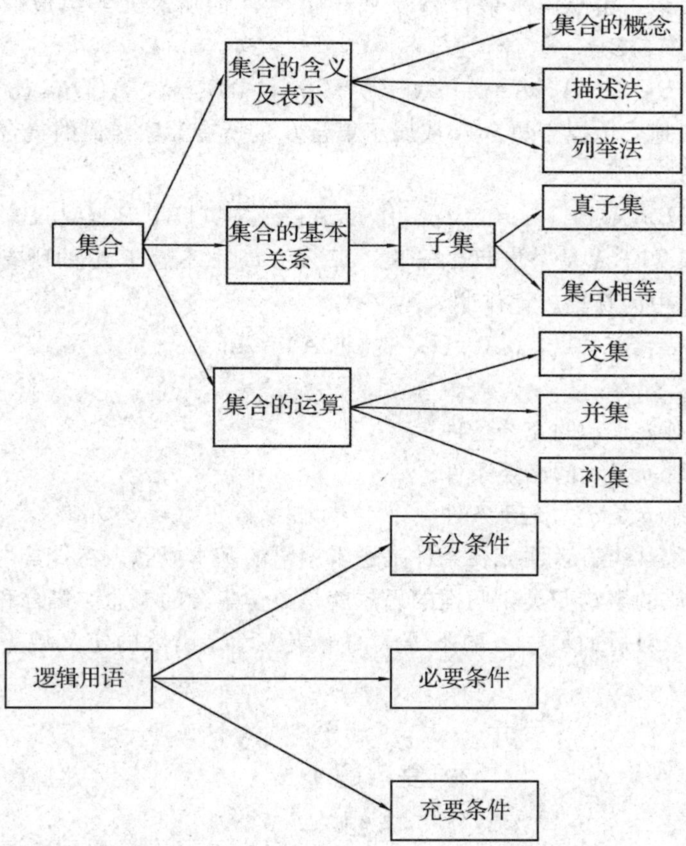

二、回顾与思考

本章学习了集合的相关知识和逻辑用语.

1. 集合的概念

(1)集合的概念：将某些确定的对象组成的整体叫做集合，简称集．组成集合的对象叫做这个集合的元素.

(2)列举法：将集合的元素一一列出，用逗号分隔，再用花括号括为一个整体.

(3)描述法：把集合的元素所具有的特征性质描述出来，再用花括号括起来.

2. 集合之间的关系

集合与集合之间的关系有 3 种：子集、真子集、集合相等.

(1)子集：如果集合 A 的元素都是集合 B 的元素，那么把集合 A 叫做集合 B 的子集. 记作$A\subseteq B$(或$B\supseteq A$).

(2)真子集：如果集合 A 是集合 B 的子集，并且集合 A 中的元素个数比集合 B 中的元素个数至少少一个，那么把 A 叫做 B 的真子集．记作 $A\subsetneqq B$(或 $B\supsetneqq A$).

(3)集合相等：如果集合 A 的元素与集合 B 的元素完全相同，那么就说这两个集合相等．记作 $A=B$.

注：空集是任何集合的子集，空集是任何非空集合的真子集.

3. 集合的运算

(1)交集：一般地，由既属于集合 A 又属于集合 B 的所有元素组成的集合，叫做 A 与 B 的交集，记作 $A\cap B$.

性质：$A\cap B=B\cap A$；$A\cap A=A$；$A\cap\varnothing=\varnothing$；$A\cap B\subseteq A$，$A\cap B\subseteq B$.

(2)并集：一般地，由属于集合 A 或属于集合 B 的所有元素组成的集合，叫做 A 与 B 的并集，记作 $A\cup B$.

性质：$A\cup B=B\cup A$；$A\cup A=A$，$A\cup\varnothing=A$；$A\subseteq A\cup B$，$B\subseteq A\cup B$.

(3)补集：如果集合 A 是全集 U 的子集，那么由 U 中不属于 A 的所有元素组成的集合叫做 A 在全集 U 中的补集，记作 $\complement_U A$.

性质：$A\cap\complement_U A=\varnothing$；$A\cup\complement_U A=U$；$\complement_U(\complement_U A)=A$.

4. 逻辑用语

(1)若 $p\Rightarrow q$，则 p 是 q 的充分条件；

(2)若 $p\Leftarrow q$，则 p 是 q 的必要条件；

(3)若 $p\Leftrightarrow q$，则 p 是 q 的充要条件.

集合是基本的数学语言，而充要条件是逻辑用语的基本概念．在日常生活中，常常要将一些具有共同性质的事物归类，归类的思想就是数学集合的概念．集合和逻辑用语是中职数学学习的基础，对后面要学习的不等式的解集表示、函数的定义域等相关知识非常重要．

复习题 1

A 组

1. 选择题.

(1)下列四句话能表示集合的是(　　).

A. 中国较好的航空公司　　B. 中国的小河流

C. 大于 0 的整数　　D. 与 2016 很接近的数

(2)下列表示正确的是(　　).

A. $0\in\mathbf{N}^*$　　B. $2\in\mathbf{R}$　　C. $\sqrt{2}\in\mathbf{Q}$　　D. $\frac{2}{3}\in\mathbf{Z}$

(3)方程组 $\begin{cases}x+y=2,\\2x-y=4\end{cases}$ 的解集是(　　).

A. $(2,\ 0)$　　B. $(0,\ 2)$

C. $\{(2,\ 0)\}$　　D. $\{x=2,\ y=0\}$

(4)集合 $A=\{1,\ 2,\ 3,\ 4,\ 5\}$，$B=\{2,\ 3,\ 5,\ 6\}$，则 $A\cap B=$(　　).

A. $\{1,\ 2,\ 3,\ 4,\ 5,\ 6\}$　　B. $\{4\}$

C. $\varnothing$　　D. $\{2,\ 3,\ 5\}$

(5)集合 $A=\{x|x>0\}$, $B=\{x|-2\leqslant x<9\}$，则 $A\cup B=$(　　).

A. $\{x|x\geqslant -2\}$　　B. $\{x|0<x<9\}$

C. $\{x|-2\leqslant x<0\}$　　D. $\{x|-2\leqslant x<9\}$

(6)设全集 $U=\{0, 1, 2, 3, 4, 5, 6\}$，集合 $A=\{1, 2, 3, 4, 5\}$，$B=\{2, 3, 5, 6\}$，则($\complement_U A$)$\cap B=$(　　).

A. $\{0, 6\}$　　B. $\{6\}$

C. $\{0, 1, 4, 6\}$　　D. $\{2, 3, 5\}$

(7)设全集 $U=\mathbf{R}$，集合 $A=\{x|-3<x\leqslant 5\}$，则 $\complement_U A=$(　　).

A. $\{x|x\leqslant -3\}$　　B. $\{x|x\geqslant 5\}$

C. $\{x|x\leqslant -3$ 或 $x>5\}$　　D. $\{x|x<-3$ 或 $x\geqslant 5\}$

(8)下列各选项正确的是(　　).

A. $a>b\Rightarrow ac>bc$　　B. $a>b\Rightarrow ac^2>bc^2$

C. $a>b$，$c<0\Rightarrow ac^2>bc^2$　　D. $a>b$，$c>d\Rightarrow ac>bd$

2. 填空题.

(1)方程 $x^2-3x-4=0$ 的解集为____________；

(2)$A\subseteq B$ 是 $A\cap B=A$ 的__________条件；

(3)方程组 $\begin{cases}x+2y=4,\\3x-y=5\end{cases}$ 的解集为__________；

(4)设集合 $A=\{x|-2\leqslant x\leqslant 3\}$, $B=\{x|0<x\leqslant 4\}$，则 $A\cap B=$________.

3. 设集合 $A=\{1, 3, 5, 7\}$，$B=\{3, 4, 5, 6, 7\}$，写出集合 $A\cap B$ 的所有真子集.

4. 已知集合 $A=\{1, 3, 5, 7\}$，集合 $B=\{x|x^2-x-6=0\}$，求 $A\cap B$，$A\cup B$.

5. 已知集合 $U=\{2, 3, 5, 7, 9, 10\}$，集合 $A=\{2, 5, 9\}$，集合 $B=\{5, 7, 9, 10\}$，求$A\cap B$，$A\cup B$ 和 $\complement_U A\cap\complement_U B$.

6. 设全集 $U=\mathbf{R}$，集合 $A=\{x|2<x\leqslant 5\}$，集合 $B=\{x|x\geqslant 4\}$，求 $A\cap B$，$\complement_U B$，$\complement_U(A\cup B)$.

B 组

1. 已知集合$U=\{1, 2, 3, 4, 5\}$，集合 $A=\{2, 5\}$，集合 $\complement_U B=\{1, 2, 5\}$，求$A\cap B$，$A\cup B$.

2. 设集合 $A=\{x|x^2-6x+5=0\}$，$B=\{x|x^2-12x+35=0\}$，求 $A\cap B$，$A\cup B$.

3. 设全集 $U=\mathbf{R}$，集合 $A=\{x|x\leqslant 2\}$，集合 $B=\{x|0<x<3\}$，求：

(1)($\complement A$)$\cup$($\complement B$)；　(2)($\complement A$)$\cap$($\complement B$)；　(3) $\complement(A\cap B)$，$\complement(A\cup B)$.

阅读欣赏

数学家的故事——康托尔

康托尔，德国数学家，19 世纪数学伟大成就之一——集合论的创立人. 1845 年 3 月 3 日生于列宁格勒(今俄罗斯圣彼得堡). 1856 年全家迁居德国法兰克福. 康托尔先后就学于苏黎世大学、哥廷根大学、法兰克福大学和柏林大学，主要学习哲学、数学和物理. 在柏林大学，他受到著名分析学家魏尔斯特拉斯的影响，对纯粹数学产生了兴趣. 1867 年，他以求不定方程 $ax^2+by^2+cz^2=0$ 的整数解（其中，a，b，c 为任意整数）的论文获博士学位．1869 年起来到哈雷大学，历任教师、副教授、教授．康托尔自幼对数学有浓厚兴趣．23 岁获博士学位，以后一直从事数学教学与研究．他所创立的集合论已被公认为全部数学的基础.

康托尔（1845—1918）

1874 年，康托尔的有关无穷的概念，震撼了知识界．康托尔凭借古代与中世纪哲学著作中关于无限的思想而导出了关于数的本质的新的思维模式，建立了处理数学中的无限的基本技巧，从而极大地推动了分析与逻辑的发展．他研究数论和用三角函数唯一地表示函数等问题，发现了惊人的结果：证明有理数是可列的，而全体实数是不可列的.

康托尔的工作给数学发展带来了一场革命．由于他的理论超越直观，所以曾受到当时一些大数学家的反对，就连被誉为“博大精深，富于创举”的数学家庞加莱（Pioncaré）也把集合论比作有趣的“病理情形”，甚至他的老师克罗内克（Kronecker）还打击康托尔是“神经质”“走进了超越数的地狱”. 对于这些非难和指责，康托尔仍充满信心，他说：“我的理论犹如磐石一般坚固，任何反对它的人都将搬起石头砸自己的脚．”他还指出：“数学的本质在于它的自由性，不必受传统观念束缚．”这种争辩持续了十年之久．康托尔由于经常处于精神压抑之中，致使他患了精神分裂症，最后死于精神病院.

然而，历史终究公平地评价了他的创造，集合论在 20 世纪初已逐渐渗透到了各个数学分支，成了分析理论、测度论、拓扑学及数理科学中必不可少的工具. 20 世纪初，世界上最伟大的数学家希尔伯特（Hilbert）在德国传播了康托尔的思想，把他称为“数学家的乐园”和“数学思想最惊人的产物”. 英国哲学家罗素（Russell）把康托尔的工作誉为“这个时代所能夸耀的最巨大的工作”.

第 2 章　不等式

现实世界中存在着大量的等量关系，也存在着大量的不等关系．不等式是研究不等关系的重要工具．例如，在草坪的面积固定，它的宽度必须在一定长度范围内，要确定它所种的植物的类型时，就需要用到不等式的知识.

本章在初中已学过的不等式知识的基础上，进一步研究不等关系，提升计算技能，为数学课程及其他科学知识的学习奠定基础．

2.1 不等关系与不等式

问题探索

在现实世界和日常生活中，既有相等关系，又存在着大量的不等关系．例如，大小、长短、轻重、高矮等，又如在数学中两点之间线段最短，三角形两边之和大于第三边等.

在日常生活中同学们经常看见以下现象(图 2-1)，它们表示着怎样的不等关系？

图 2-1

以上现象都代表着一种不等关系，分别代表：轻重的不等关系，大小的不等关系，公路上汽车时速最大的不等关系($v\leqslant 60$)，汽车限宽、限高、限重的不等关系.

知识链接

一般地，用不等号表示不等关系的式子叫做**不等式**．常见的不等号有五种，分别是“$>$”，“$<$”，“$\geqslant$”，“$\leqslant$”，“$\neq$”．例如，$5>2$，$5a-2\leqslant 0$，$3x-1\neq 0$ 等都是不等式.

知识巩固

例 1　将下列各题用不等式表示.

(1)a 与 b 的和是正数；

(2)某工厂的一件产品的质量 m 至多 20 g；

(3)要使分式$\dfrac{2}{3x-6}$有意义；

(4)某本教科书的字数 a 在 30 万字与 50 万字之间.

解　(1)$a+b>0$；　　(2)$0\leqslant m\leqslant 20$；

(3)$3x-6\neq 0$；　　(4)$300000\leqslant a\leqslant 500000$.

知识运用

将下列各题用不等式表示：

(1)x 的 3 倍与 y 的 4 倍的差是负数；

(2)某天的气温 t 不高于 20 ℃；

(3)一个数的平方大于 5；

(4)一所中学的男子百米赛跑的记录是 11.5 秒，假如一名男运动员的百米赛跑成绩是 x 秒且这名男运动员打破了校记录.

习题 2.1

A 组

1. 选择题

(1)下面给出的 5 个式子中：①$3>0$，②$4x-3y<0$，③$x=-2$，④$y+6$，⑤$2y-3\geqslant 7$，其中不等式有(　　).

A. 2 个　　B. 3 个　　C. 4 个　　D. 5 个

(2)a，b 两数在数轴上的位置如图所示，下面结论中，正确的是(　　).

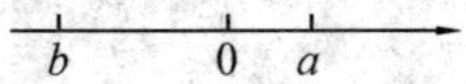

(第 2 题)

A. $a>0$，$b<0$　　B. $a<0$，$b>0$　　C. $ab>0$　　D. 以上都不对

(3)a 是非负数的表达式是(　　).

A. $a>0$　　B. $|a|\geqslant 0$　　C. $a\leqslant 0$　　D. $a\geqslant 0$

2. 填空题

(1)y 的 3 倍与 x 的 4 倍的和是负数用不等式表示为________；

(2)若 $0<a<1$，用“$<$”连接 a，1，$\frac{1}{a}$，结果是________.

B 组

1. 用适当的符号表示下列关系.

(1)a 的 2 倍比 a 与 3 的和小；

(2)y 的一半与 5 的差是非负数；

(3)x 的 3 倍与 1 的和小于 x 的 2 倍与 5 的差.

2. 用不等式表示下列关系：

a 与 b 的和大于 a 的 2 倍而小于 b 的 3 倍.

3. 某班同学去春游花了 250 元包租了一辆客车，如果参加春游的同学每人交 8 元租车费，还不够，如果每人交 9 元，却用不完．用不等式表示出上述问题中存在的不等关系.

2.2 不等式的基本性质

2.2.1　比较实数大小的方法

知识回顾

实数与数轴上的点一一对应．数轴上的任意两点中，右边的点对应的实数比左边的点对应的实数大．

知识链接

比较两个实数的大小，除了比较数轴上对应点的位置进行直观比较外，通常采用“观察两个实数差的符号”的方法——**作差法**．

不等式的基本原理：一般地，对于两个任意的实数 a 和 b，有

$$\begin{cases} a-b>0 \Leftrightarrow a>b \\ a-b=0 \Leftrightarrow a=b \\ a-b<0 \Leftrightarrow a<b \end{cases} \qquad (2.2.1)$$

因此，比较两个实数的大小，只需考察它们的差即可．

知识巩固

例 1　比较 $\frac{2}{5}$ 与 $\frac{3}{8}$ 的大小．

解　$\frac{2}{5}-\frac{3}{8}=\frac{16}{40}-\frac{15}{40}=\frac{1}{40}>0$，故 $\frac{2}{5}>\frac{3}{8}$．

例 2　当 $m>n>0$ 时，比较 $m+3$ 与 $n-1$ 的大小．

解　$(m+3)-(n-1)=m-n+4$，因为 $m>n>0$，故 $m-n>0$，因此 $m-n+4>0$，所以 $m+3>n-1$．

知识运用

1. 比较下列各对实数的大小：

(1) $\frac{5}{7}$ 与 $\frac{7}{9}$；　　(2) $1\frac{3}{5}$ 与 1.63．

2. 当 $a>b>1$ 时，$a-b$ 与 $a+b-2$．

2.2.2　不等式的基本性质

实　例

测量三人的体重，发现小王比小张重，小张比小李重，那么肯定能够得到“小王比小李重”的结论．

知识链接

不等式的基本性质（证明略）：

性质 1　反身性：如果 $a>b$，那么 $b<a$.

性质 2　传递性：如果 $a>b$，且 $b>c$，那么 $a>c$.

性质 3　可加性：如果 $a>b$，那么 $a\pm c>b\pm c$.

性质 4　可乘性：如果 $a>b$，$c>0$，那么 $ac>bc$，$\frac{a}{c}>\frac{b}{c}$；

如果 $a>b$，$c<0$，那么 $ac<bc$，$\frac{a}{c}<\frac{b}{c}$.

注意： 不等式两边同乘或同除以负数时，不等号改变方向.

知识巩固

例 3　用符号“$>$”，“$<$”填空，并说明应用了不等式的哪条性质.

(1)设 $a>b$，则 $a-5$ ________ $b-5$；

(2)设 $a>b$，则 $-2a$ ________ $-2b$；

(3)设 $a>b$，则 $2a-1$ ________ $2b-1$；

(4)设 $a>b$，$c<d$，则 $a+c$ ________ $b+d$.

解　(1)$a-5>b-5$，应用了不等式的可加性；

(2)$-2a<-2b$，应用了不等式的可乘性；

(3)$2a-1>2b-1$，应用了不等式的可乘性与可加性；

(4)由于 $a>b$，根据可加性 $a+c>b+c$；同理，由于 $c>d$，根据可加性 $b+c>b+d$；再根据传递性，$a+c>b+d$.

知识运用

1. 比较下列各对实数的大小：

(1)$\frac{4}{7}$与$\frac{5}{9}$；　　　　(2)当 $a>b>1$ 时，$a-b$ 与 $a+b-2$.

2. 用符号“$>$”，“$<$”填空.

(1)设 $a<b$，则 $a+2$ ________ $b+2$，$a-1$ ________ $b-1$，$a-1$ ________ $b+1$；

(2)设 $a<b$，则 $2a$ ________ $2b$，$-3a$ ________ $-3b$，$4a+3$ ________ $4b+3$.

习题 2.2

A 组

1. 判断题，正确打“√”，错误打“×”.

(1)不等式两边同时乘一个整数，不等号方向不变.（　　）

(2)如果 $a>b$，那么 $3-2a>3-2b$.（　　）

(3)如果 $a>b$，那么 $a^2>b^2$.（　　）

(4)如果 $a>b$，那么 $ac^2>bc^2$.(　　)

(5)如果 $a>b$，那么 $a+c>b+c$.(　　)

2. 选择题

(1)若 $x>y$，则 $ax>ay$，那么 a 的取值范围为(　　).

A. $a>0$　　B. $a<0$　　C. $a\leqslant 0$　　D. $a\geqslant 0$

(2)若 $m<n$，则下列各式中正确的是(　　).

A. $m-3>n-3$　　B. $3m>3n$　　C. $-3m>-3n$　　D. $\frac{m}{3}>\frac{n}{3}$

(3)下列变形不正确的是(　　).

A. 若 $a>b$，则 $b<a$　　B. 由 $-a>-b$，得 $b>a$

C. 由 $-2x>a$，得 $x>-\frac{a}{2}$　　D. 由 $\frac{x}{2}>-y$，得 $x>-2y$

B 组

1. 说出下列不等式的变形是根据不等式的哪一条性质.

(1)由 $\frac{1}{2}x>-3$，得 $x>-6$；

(2)由 $3+x\leqslant 5$，得 $x\leqslant 2$；

(3)由 $-2x<6$，得 $x>-3$；

(4)由 $3x\geqslant 2x-4$，得 $x\geqslant -4$.

2. 若 $a<b<0$，则式子：①$a+1<b+2$，②$\frac{a}{b}>1$，③$a+b<ab$，④$\frac{1}{a}<\frac{1}{b}$中，正确的有________________(填序号).

2.3 不等式的解集

知识回顾

方程的解就是使方程成立的未知数的解；类似地，不等式的解就是使不等式成立的未知数的解．例如，3，4，5，…都是不等式 $2x-4>0$ 无数解中的一部分解．为了能找到不等式的所有解，这一节内容就引进不等式的解集.

说明：$2x-4>0$ 的解是 $x>2$，大于 2 的数有无数多个，3，4，5，…只是无数解中的部分值.

知识链接

一般地，不等式所有解组成的集合叫做不等式的**解集**，它是解的全体，即解集实质就是一个集合．在第一章集合知识的学习中，都知道集合的表示法有多种．例如，$2x-4>0$ 的解集就可以用描述法记作$\{x|x>2\}$，描述法也是表示解集的常用形式．

研究不等式的一个重要任务，就是要求出不等式的解集.

除了描述法表示解集外，下面介绍另一种集合的表示法——区间.

由数轴上两点间的一切实数所组成的集合叫做**区间**，其中，这两个点叫做区间的左、右端点．区间分为闭区间、开区间、半开半闭区间和无限区间.

包含左、右端点值的区间叫做**闭区间**，图 2-2 中，集合$\{x|1\leqslant x\leqslant 4\}$表示的是闭区间，用记号$[1, 4]$表示.

不包含端点的区间叫做**开区间**，图 2-3 中，集合$\{x|1<x<4\}$表示的是开区间，用记号$(1, 4)$表示.

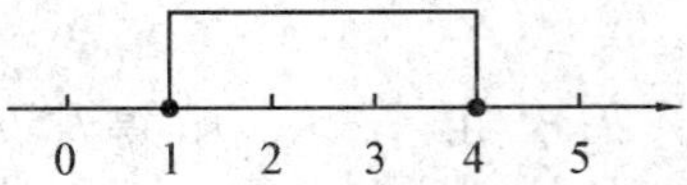

图 2-2

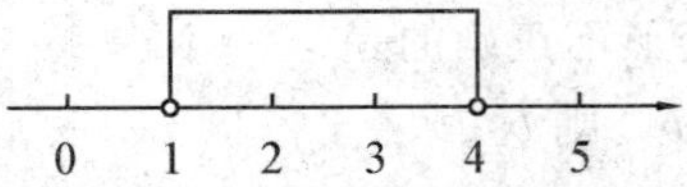

图 2-3

只含左、右两端点之一的值的区间叫做**半开半闭区间**，图 2-4 中，集合$\{x|1<x\leqslant 4\}$表示的是**左半开区间**，用记号$(1, 4]$表示．图 2-5 中，集合$\{x|1\leqslant x<4\}$表示的是**右半开区间**，用记号$[1, 4)$表示.

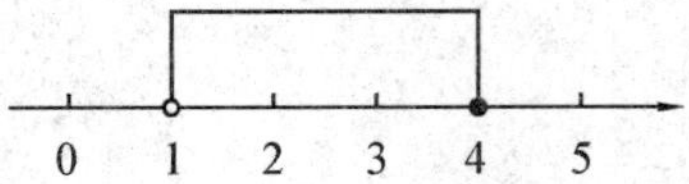

图 2-4

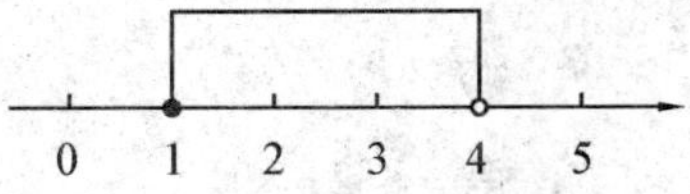

图 2-5

在数轴上集合$\{x|x>2\}$用区间表示又是怎样的呢？

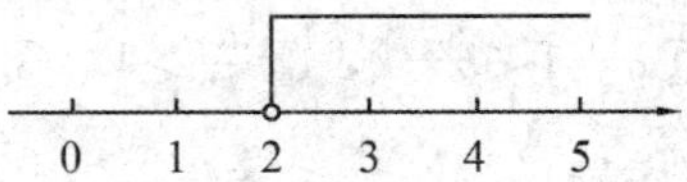

图 2-6

图 2-6 中，数轴左端点为空心值 2，右方却找不到最大值即不存在右端点，这时我们将这个区间记做$(2, +\infty)$，其中符号“$+\infty$”读作“正无穷大”. 类似地，集合$\{x\in \mathbf{R}|x\leqslant 1\}$用区间表示就是$(-\infty, 1]$. 而整条数轴所对应的点是表示所有实数的实数集 **R**，整个实数集用区间表示就是$(-\infty, +\infty)$. 我们将这种区间称作无限区间.

注意：对于无穷，由于没有最大和最小的实数，所以在用区间表示端点$-\infty$，$+\infty$时都用小括号.

设 a，b 为任意的实数，且 $a<b$，则各种区间表示的集合如表 2-1 所列.

表 2-1

区间	$[a, b]$	(a, b)	$(a, b]$	$[a, b)$	
集合	$\{x\|a\leqslant x\leqslant b\}$	$\{x\|a<x<b\}$	$\{x\|a<x\leqslant b\}$	$\{x\|a\leqslant x<b\}$	
区间	$(-\infty, b)$	$(-\infty, b]$	$(a, +\infty)$	$[a, +\infty)$	$(-\infty, +\infty)$
集合	$\{x\|x<b\}$	$\{x\|x\leqslant b\}$	$\{x\|x>a\}$	$\{x\|x\geqslant a\}$	**R**

可以看到，用区间表示集合，具有书写简便、直观的特点．本书中，凡是可以用区间表示的集合，一般都用区间表示.

知识巩固

例 1　用区间表示下列不等式(组)的解集.

(1)$x-2>7$；　　(2)$3x-2\leqslant 2x+1$；　　(3)$\begin{cases}x-1>-2,\\3-x\geqslant 0.\end{cases}$

解　(1)$x-2>7$ 的解是 $x>9$，故解集为$(9, +\infty)$；

(2)$3x-2\leqslant 2x+1$ 的解是 $x\leqslant 3$，故解集为$(-\infty, 3]$；

(3)$\begin{cases}x-1>-2,\\3-x\geqslant 0\end{cases}$的解是$-1<x\leqslant 3$，故解集为$(-1, 3]$.

例 2　已知集合 $A=(-1, 4)$，集合 $B=[0, 5]$，求 $A\cap B$，$A\cup B$，$\complement A$，$\complement B$.

解　两个集合在数轴上表示如图 2-7 所示，观察图形可知

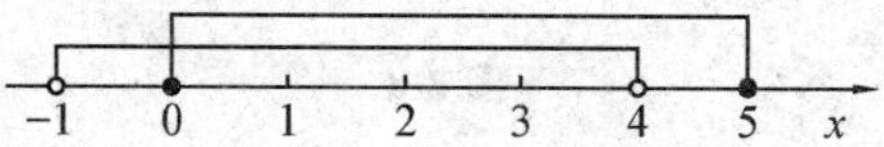

图 2-7

$A\cap B=[0, 4)$，$A\cup B=(-1, 5]$，$\complement A=(-\infty, -1]\cup[4, +\infty)$，$\complement B=(-\infty, 0)\cup(5, +\infty)$.

知识运用

1. 用区间表示下列不等式(组)的解集.

(1)$-2x-4\leqslant 0$；　　(2)$5x-1<3x+9$；　　(3)$\begin{cases}2x+3>5,\\x-3\leqslant 0.\end{cases}$

2. 设全集为 **R**，集合 $A=(0, 3]$，集合 $B=(2, +\infty)$，求 $A\cap B$，$A\cup B$，$\complement A$，$\complement B$.

习题 2.3

A 组

1. 填空题，用区间法表示下列集合.

(1)$\{x|x>2\}$________；　　(2)$\{x|x\leqslant -3\}$________；

(3)$\{x|1<x\leqslant 5\}$________；　　(4)$\{x|-5<x<1\}$________.

2. 用区间表示下列不等式(组)的解集.

(1)$-x\leqslant x-8$；　　(2)$3x-1\geqslant x+3$；　　(3)$\begin{cases}x+3\geqslant -x-1,\\x-1<0.\end{cases}$

3. 设全集为 **R**，集合 $A=[-1, 2)$，集合 $B=(-\infty, 0)$，求 $A\cap B$，$A\cup B$，$\complement A$，$\complement B$.

B 组

设全集为 **R**，集合 $A=[-2, 4)$，且 $\complement B=(-\infty, 0]\cup(5, +\infty)$，求 B，$A\cap B$，$A\cup B$，$\complement A\cap\complement B$.

2.4 绝对值不等式及其解法

知识回顾

初中学过绝对值的几何意义，即$|a|$表示实数a在数轴上对应的点到原点的距离．图2-8中，$|-5|$表示实数-5在数轴上对应的点到原点的距离，而这个距离刚好等于5，我们就知道$|-5|=5$；同理，$|5|$表示实数5在数轴上对应的点到原点的距离，而这个距离也刚好等于5，我们就知道$|5|=5$. 那么当$|x|=5$时，就解得$x=\pm 5$.

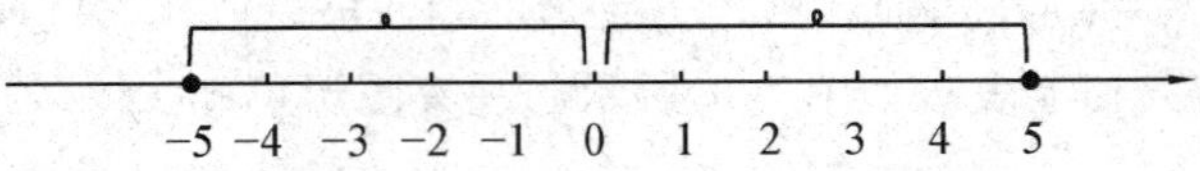

图 2-8

如果将等式$|x|=5$改为$|x|<5$与$|x|>5$，那这种不等式又怎样解？在数轴上又如何表示？解集又是多少？

注意： 距离小于5的点一定不包含端点-5和5.

知识链接

一般地，将含有绝对值的不等式叫做**绝对值不等式**.

根据绝对值的几何意义，如图2-9，$|x|<5$的意思就是指数轴上实数x对应的点到原点的距离小于5的x值有哪些，在数轴上观察：

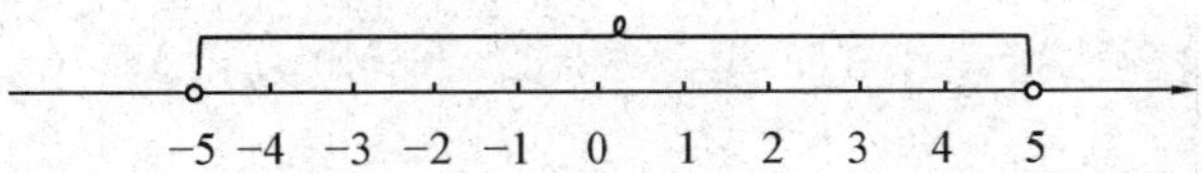

图 2-9

由绝对值的几何意义可知，$|x|<5$的解是$-5<x<5$，则解集为$(-5,\ 5)$.

小知识：小于时，解集取中间．

一般地，不含端点的绝对值不等式$|x|<a(a>0)$的解集是$(-a,\ a)$；同理，包含端点的绝对值不等式$|x|\leqslant a(a>0)$的解集是$[-a,\ a]$.

观察图2-10可知，$|x|>5$的解是$x<-5$或$x>5$，解集为$(-\infty,\ -5)\cup(5,\ +\infty)$.

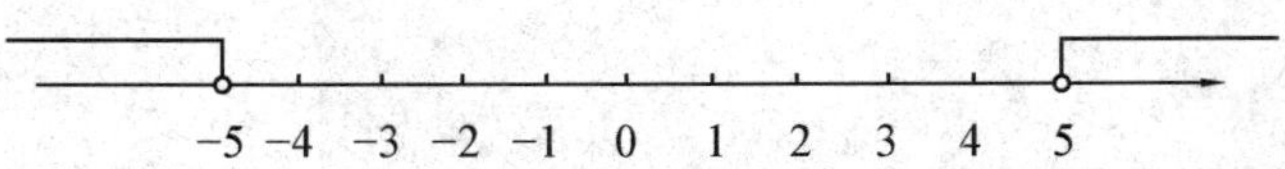

图 2-10

一般地，不含端点的绝对值不等式$|x|>a(a>0)$的解集是$(-\infty,\ -a)\cup(a,\ +\infty)$；同理，包含端点的绝对值不等式$|x|\geqslant a(a>0)$的解集是$(-\infty,\ -a]\cup[a,\ +\infty)$.

小知识：大于时，解集取两边.

本节重点学习如何解形如$|ax+b|<c$，$|ax+b|\leqslant c$，$|ax+b|>c$，$|ax+b|\geqslant c$等绝对值不等式，而解绝对值不等式就是“去绝对值”，方法就是将绝对值中的整个式子看作一个整体并运用绝对值的几何意义求解.

知识巩固

例 1　解下列绝对值不等式.

(1)$|2x-1|<5$；　　(2)$|3x-2|\leqslant 1$；

(3)$|2x+3|>7$；　　(4)$|5x+1|\geqslant 11$.

解　(1)将绝对值中的式子$2x-1$看作一个整体.

由原不等式可得$-5<2x-1<5$，

整理得$-4<2x<6$，

即$-2<x<3$.

所以，原不等式的解集为$(-2，3)$.

(2)由原不等式可得$-1\leqslant 3x-2\leqslant 1$，

于是$1\leqslant 3x\leqslant 3$，

即$\frac{1}{3}\leqslant x\leqslant 1$.

所以，原不等式的解集为$\left[\frac{1}{3}，1\right]$.

(3)由原不等式可得$2x+3<-7$或$2x+3>7$，

整理得$x<-5$或$x>2$.

所以，原不等式的解集为$(-\infty，-5)\cup(2，+\infty)$.

(4)由原不等式可得$5x+1\leqslant -11$或$5x+1\geqslant 11$，

整理得$x\leqslant -\frac{12}{5}$或$x\geqslant 2$.

所以，原不等式的解集为$\left(-\infty，-\frac{12}{5}\right]\cup\left[2+\infty\right)$.

知识运用

1. 解下列绝对值不等式.

(1)$|x+5|<2$；　　(2)$|2x+1|\leqslant 3$；　　(3)$|-2x+1|\leqslant 7$；

(4)$|x-1|>3$；　　(5)$|3x-2|\geqslant 1$；　　(6)$|-x+1|\geqslant 3$.

2. 解下列绝对值不等式.

(1)$3\leqslant|8-x|$；　(2)$|3x-4|-1\geqslant 3$；　(3)$3|x-1|-4<|x-1|$.

习题 2.4

A 组

1. 选择题

(1)不等式$|3x-4|<2$的整数解的个数为(　　).

A. 0　　B. 1　　C. 2　　D. 3

(2)不等式$-2|x|<-8$的解集为(　　).

A. $(-8, 8)$　　B. $(-4, 4)$

C. $(-\infty, -8)\cup(8, +\infty)$　　D. $(-\infty, -4)\cup(4, +\infty)$

(3)不等式$|4x-7|>1$的解集为(　　)

A. $\left(-\frac{3}{2}, 2\right)$　　B. $(-1, 1)$

C. $\left(-\infty, -\frac{3}{2}\right)\cup(2, +\infty)$　　D. $(-\infty, -1)\cup(1, +\infty)$

2. 解答题

(1)$|x|-2\leqslant-|x|$；　(2)$4|2x-1|<16$；　(3)$|-4x-1|\leqslant15$.

B 组

1. 已知$|x-a|<b$的解集为$(-2, 3)$，则$a=$________，$b=$________.

2. 已知$A=\{x \mid |x|>1\}$，$B=\{x \mid |x-1|<2\}$，求$A\cap B$，$A\cup B$.

2.5 一元二次不等式及其解法

知识回顾

初中我们学过一次函数、一元一次方程与一元一次不等式．观察函数$y=2x-8$的图像，如图 2-11 所示.

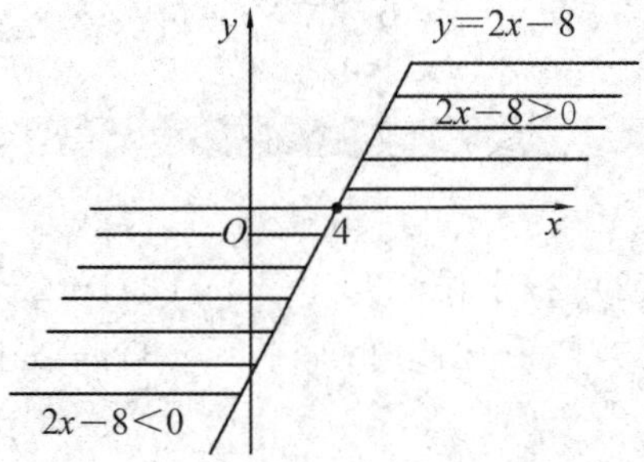

图 2-11

令$y=0$得到方程$2x-8=0$的解为$x=4$，恰好是函数$y=2x-8$的图像与x轴的交点的横坐标；在x轴上方的图像所对应的自变量x的取值范围，恰好是不等式$2x-8>0$

的解集(4，$+\infty$)；在 x 轴下方的图像所对应的自变量 x 的取值范围，恰好是不等式 $2x-8<0$ 的解集($-\infty$，4).

问　题

观察一元二次函数 $y=x^2-6x+8$ 的图像，并回答下列问题.

(1)自变量 x 取哪个范围内的值时，函数值 $y>0$；

(2)自变量 x 取哪个范围内的值时，函数值 $y<0$.

知识链接

一般地，含有一个未知数且未知数的最高次数为 2 的不等式叫做**一元二次不等式**，它的一般形式是

$$ax^2+bx+c<0 \text{ 或 } ax^2+bx+c>0(a\neq 0). \qquad (2.5.1)$$

参照初中解一元一次不等式的方法，首先找到一元二次函数 $y=x^2-6x+8$ 的图像(图 2-12)与 x 轴的交点的横坐标 $x=2$ 和 $x=4$，抛物线开口向上，然后画出图像并观察在 x 轴上方的图像所对应的自变量 x 的取值范围就是一元二次不等式 $x^2-6x+8>0$ 的解集；同理，观察在 x 轴下方的图像所对应的自变量 x 的取值范围就是一元二次不等式 $x^2-6x+8<0$ 的解集，如图 2-12 所示.

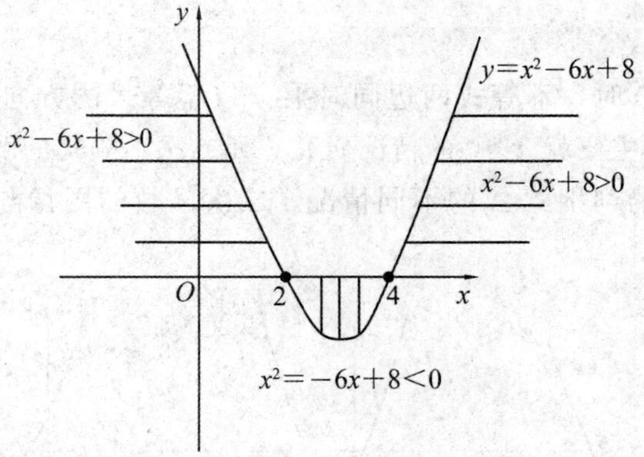

图 2-12

(1)函数在 x 轴上方的图像所对应的自变量的范围的为($-\infty$，2)$\cup$(4，$+\infty$)，即一元二次不等式 $x^2-6x+8>0$ 的解集为($-\infty$，2)$\cup$(4，$+\infty$)；

(2)函数在 x 轴的下方的图像所对应的范围为(2，4)，即一元二次不等式 $x^2-6x+8<0$的解集为(2，4).

知识巩固

例 1　解一元二次不等式 $x^2-3x>0$.

解　方程 $x^2-3x=0$ 的解为 $x_1=0$，$x_2=3$. 函数 $y=x^2-3x$ 的图像是开口向上的抛

物线，与 x 轴的交点横坐标就是方程的解．观察图 2-13 得知，不等式 $x^2-3x>0$ 在 y 轴的正半轴范围的图像所对应的自变量 x 的取值范围就是它的解集，即$(-\infty, 0)\cup(3, +\infty)$.

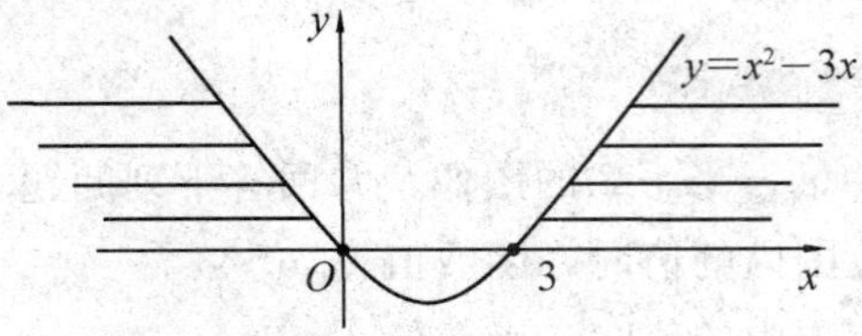

图 2-13

知识回顾

以上讨论的情况是当一元二次方程有两个不同的实数根时，那么，其他根的情况又怎么解呢？

我们知道，对于一元二次方程的根的情况，是根据一元二次方程解的判别式$\Delta=b^2-4ac$ 而定.

当 $\Delta>0$ 时，方程有两个不相等的实数根；

当 $\Delta=0$ 时，方程有两个相等的实数根；

当 $\Delta<0$ 时，方程没有实数根.

知识链接

当二次项系数 $a<0$ 时，不等式两边同时乘 -1(不等号的方向改变)，就可以转化为 $a>0$的情况，所以下面主要就 $a>0$ 的情况研究一元二次不等式的解集.

当 $a>0$ 时，对应的判别式 Δ 的不同情况，二次函数的图像与 x 轴的位置关系有三种，如图 2-14 所示.

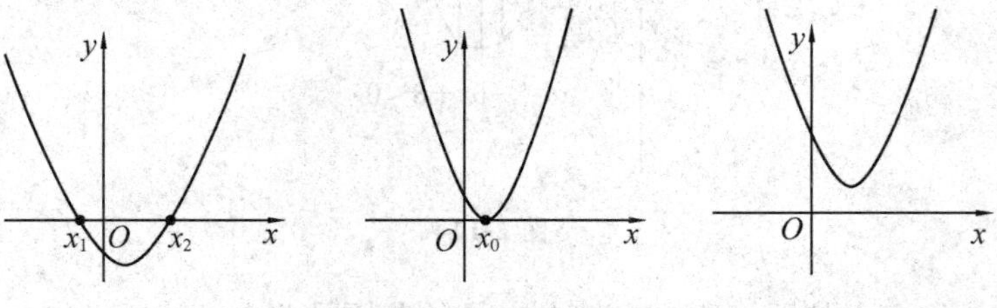

$\Delta>0$ 有两个不同实数根　　$\Delta=0$ 有两个相同实数根　　$\Delta<0$ 无实数根

图 2-14

小知识：在二次项系数 $a>0$ 的前提下，解集为：大于取两根两边，小于取两根中间．

观察以上三个图像可以得到，当二次项系数 $a>0$ 时，一元二次不等式的解集，如表 2-2所列．

表 2-2

方程或不等式	解集		
	$\Delta>0$	$\Delta=0$	$\Delta<0$
$ax^2+bx+c=0$	$\{x_1, x_2\}$	$\{x_0\}$	$\varnothing$
$ax^2+bx+c>0$	$(-\infty, x_1)\cup(x_2, +\infty)$	$(-\infty, x_0)\cup(x_0, +\infty)$	$\mathbf{R}$
$ax^2+bx+c\geqslant0$	$(-\infty, x_1]\cup[x_2, +\infty)$	$\mathbf{R}$	$\mathbf{R}$
$ax^2+bx+c<0$	(x_1, x_2)	$\varnothing$	$\varnothing$
$ax^2+bx+c\leqslant0$	$[x_1, x_2]$	$\{x_0\}$	$\varnothing$

说明：表中 $\Delta=b^2-4ac$，$x_1<x_2$.

由此得到解一元二次不等式的基本步骤：

(1)判断二次项系数 a 是否是正数，如果不是，那么将不等式两边同时乘-1；

(2)判断对应的方程解的情况，如果有解，求出方程的解；

(3)根据表 2-2 写出一元二次不等式的解集.

知识巩固

例 2 解下列各一元二次不等式：

(1)$x^2-x-6>0$；　　(2)$x^2-2x+1>0$；

(3)$2x^2-4x+3\geqslant0$；　　(4)$-x^2+x+12>0$.

解 (1)二次项系数 $a=1>0$，开口向上且不等式对应方程的判别式

$\Delta=b^2-4ac=(-1)^2-4\times1\times(-6)=25>0$，有两个不同实数根 $x_1=-2$，

$x_2=3$，故不等式 $x^2-x-6>0$ 的解集为$(-\infty, -2)\cup(3, +\infty)$.

(2)二次项系数 $a=1>0$，开口向上且不等式对应方程的判别式 $\Delta=b^2-4ac=(-2)^2-4\times1\times1=0$，有两个相同实数根 $x_1=x_2=1$，故不等式 $x^2-2x+1>0$ 的解集为$(-\infty, 1)\cup(1, +\infty)$.

(3)二次项系数 $a=2>0$，开口向上且不等式对应方程的判别式 $\Delta=b^2-4ac=(-4)^2-4\times2\times3=-8<0$ 无实数根，故不等式 $2x^2-4x+3\geqslant0$ 的解集为 $\mathbf{R}$.

(4)二次项系数 $a=-1<0$，将不等式两边同时乘-1，得 $x^2-x-12<0$，开口向上且对应方程的判别式 $\Delta=b^2-4ac=(-1)^2-4\times1\times(-12)=49>0$，有两个不同实数根 $x_1=-3$，$x_2=4$，故不等式$-x^2+x+12>0$ 的解集为$(-3, 4)$.

例 3 x 是什么实数时，$\sqrt{x^2-3x-4}$有意义？

解 根据题意，根号下必须非负，即 $x^2-3x-4\geqslant0$. 二次项系数 $a=1>0$，开口向上且不等式对应方程的判别式 $\Delta=b^2-4ac=(-3)^2-4\times1\times(-4)=25>0$，有两个不同实数根 $x_1=-1$，$x_2=4$，故不等式 $x^2-3x-4\geqslant0$ 的解集为$(-\infty, -1]\cup[4, +\infty)$，即当 $x\in(-\infty, -1]\cup[4, +\infty)$时，$\sqrt{x^2-3x-4}$有意义.

知识运用

1. 解下列各一元二次不等式：

(1) $-x^2+3x+10>0$；　　(2) $4x^2-1\geqslant 0$；　　(3) $x^2+2x\leqslant 0$.

2. x 是什么实数时，$\sqrt{4x^2-16}$ 有意义？

习题 2.5

A 组

1. 选择题

(1) 不等式 $x^2+4x-21\leqslant 0$ 的解集为（　　）.

A. $(-\infty,\ -7]\cup[3,\ +\infty)$　　B. $[-7,\ 3]$

C. $(-\infty,\ -3]\cup[7,\ +\infty)$　　D. $[-3,\ 7]$

(2) 一元二次方程 $x^2-mx+4=0$ 有实数解的条件是 $m\in$（　　）.

A. $(-4,\ 4)$　　B. $[-4,\ 4]$

C. $(-\infty,\ -4)\cup(4,\ +\infty)$　　D. $(-\infty,\ -4)\cup[4,\ +\infty]$

2. 填空题

(1) 当 $x\in$ ________ 时，$\sqrt{x^2-4x}$ 有意义；

(2) 不等式 $(1-x)(2+x)>0$ 的解集为________.

3. 解下列各不等式：

(1) $x^2-3x\geqslant 0$；　　(2) $x^2-x-6<0$；

(3) $x^2-x+5\leqslant 0$；　　(4) $2x^2+3x+2>0$.

B 组

1. 已知集合 $A=\{x\,|\,x^2-9\leqslant 0\}$，$B=\{x\,|\,x^2-4x+3>0\}$，求 $A\cap B$，$A\cup B$.

2. 解下列不等式：

(1) $(x+2)(-x-1)<0$；　　(2) $(x-1)(3-x)<5-2x$.

本章小结

一、本章知识结构

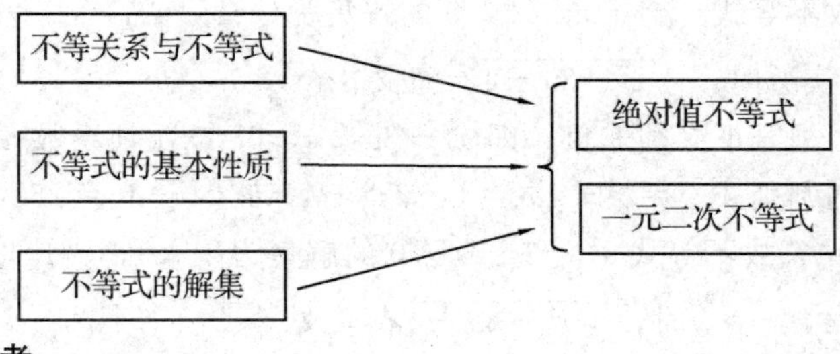

二、回顾与思考

1. 本章学习不等关系与不等式，不等式的基本性质和两种主要的不等式及其解法．

(1)了解不等式与不等关系，理解不等式的性质，会解形如 $ax^2+bx+c<0$ 或 $ax^2+bx+c>0(a\neq 0)$ 的一元二次不等式．会表示不等式和不等式组的解集．

(2)会解形如 $|ax+b|<c$，$|ax+b|\leqslant c$，$|ax+b|>c$，$|ax+b|\geqslant c$ 的绝对值不等式，而解绝对值不等式就是“去绝对值”，方法就是将绝对值中的整个式子看作一个整体并运用绝对值的几何意义求解．

2. 重点知识是解一元二次不等式，在以后章节中的函数定义域和一元二次函数中也运用很多．

复习题 2

A 组

1. 选择题

(1)不等式 $x^2+4x-21\leqslant 0$ 的解集为(　　)．

A. $(-\infty, -7]\cup[3, +\infty)$　　B. $[-7, 3]$

C. $(-\infty, -3]\cup[7, +\infty)$　　D. $[-3, 7]$

(2)不等式 $|3x-2|>1$ 的解集为(　　)．

A. $\left(-\infty, -\frac{1}{3}\right)\cup(1, +\infty)$　　B. $\left(-\frac{1}{3}, 1\right)$

C. $\left(-\infty, \frac{1}{3}\right)\cup(1, +\infty)$　　D. $\left(\frac{1}{3}, 1\right)$

(3)不等式 $-x^2+9<0$ 的解集为(　　)．

A. $(-\infty, -3)\cup(3, +\infty)$　　B. $(-\infty, -3]\cup[3, +\infty)$

C. $(-3, 3)$　　D. $[-3, 3]$

2. 填空题

(1)不等式 $2|x|-5>3$ 的解集为________；

(2)$x\in$________时，$\sqrt{x^2-4x}$ 有意义；

(3)设全集为 $\mathbf{R}$，集合 $A=[2, 4]$，集合 $B=(-2, 3]$，则 $A\cap B=$________，$A\cup B=$________，$\complement_U A=$________，$\complement_U B=$________．

B 组

1. 已知 $|x-a|<b$ 的解集为 $(-2, 3)$，求 a，b．

2. 设全集为 $\mathbf{R}$，集合 $A=(-\infty, -4)$，集合 $B=(3, +\infty)$，求 $\complement A\cap\complement B$．

3. 已知集合 $A=\{x|x^2-9\leqslant 0\}$，集合 $B=\{x|x^2-4x+3>0\}$，求 $A\cap B$，$A\cap B$．

4. 设全集为 $\mathbf{R}$，集合 $A=\{x||x-1|<4\}$，集合 $B=\{x|x^2-2x\geqslant 0\}$，求 $A\cap B$，$A\cap B$．

阅读欣赏

数学不等式的研究首先从欧洲国家兴起，东欧国家有一个较大的研究群体，特别是原南斯拉夫国家．目前，对不等式理论感兴趣的数学工作者遍布世界各个国家．

在数学不等式理论发展史上有两个具有分水岭意义的事件，分别是：Chebycheff 在 1882 年发表的论文和 1928 年 Hardy 任伦敦数学会主席届满时的演讲．著名数学家 G. H. Hardy，J. E. Littlewood 和 G. Plya 的著作《不等式》(*Inequalities*)由前言中对不等式的哲学给出了有见地的见解：一般来讲，初等的不等式应该有初等的证明，证明应该是“内在的”，而且应该给出等号成立的证明．A. M. Fink 认为，人们应该尽量陈述和证明不能推广的不等式．Hardy 认为，基本的不等式是初等的．自从剑桥大学出版社(Cambridge University Press)于 1934 年出版以来，数学不等式理论及其应用的研究成为一门新兴的数学学科，从此不等式不再是一些零星散乱的、孤立的公式综合，它已发展成为一套系统的科学理论．

20 世纪 70 年代以来，国际上每四年在德国召开一次一般不等式(General Inequalities)国际学术会议，并出版专门的会议论文集．不等式理论也是 2000 年在意大利召开的第三届世界非线性分析学家大会的主题之一．2000 年和 2001 年在韩国召开的第六届和第七届非线性泛函分析和应用国际会议，2000 年在我国大连理工大学召开的 ISAAC 都将数学不等式理论作为主要的议题安排在会议日程之中。2001 年的不等式国际会议于 2001 年 7 月 9 日至 14 日在罗马尼亚召开．

历史上，华人数学家在不等式领域做出过重要贡献，包括华罗庚、樊畿、林东坡、徐利治、王忠烈、王兴华等老一代数学家．最近几年我国有许多数学工作者始终活跃在国际数学不等式理论及其应用的领域，他们在相关方面做出了独特的贡献，引起国内外同行的注意和重视．例如，王挽澜、石焕南、杨必成、高明哲、张晗方、杨国胜等．

20 世纪 80 年代以来，在中国大地上出现了持续高涨的不等式研究热潮．杨路等对几何不等式研究的一系列开创性工作，将我国几何不等式的研究推向高潮．在代数不等式方面，王挽澜对 FanKy 不等式的深入研究达到了国际领先水平．祁锋及其所领导的研究团队在平均不等式及其他不等式方面取得了大量而系统的前沿研究成果．对分析不等式，胡克于 1981 年发表在《中国科学》上的论文《论一个不等式及其若干应用》，针对 Holder 不等式的缺陷提出一个全新的不等式，被美国数学评论称之为“一个杰出的非凡的新的不等式”，现在称之为胡克(HK)不等式，胡克对这个不等式及其应用做了系统而深刻的研究．

目前我国关于数学不等式理论及其应用的研究也有较丰富的成果．例如，匡继昌先生的专著《常用不等式》一书由于供不应求，在短短的几年内已经出版了第二版，重印过多次．对于数学专著来讲，这是少有的现象．第二本较有影响的专著是王松桂和贾忠贞合著的《矩阵论中不等式》．另外，国内还有一个不等式研究小组比较活跃，主办了一个《不等式研究通讯》的内部交流刊物，数学家杨路先生任顾问．

第3章 函数

函数(function)，这个名称出自数学家李善兰的著作《代数学》. 现实世界中很多事物之间有依赖关系，一个事物变化时，另一个事物也随着变化. 函数就是研究变量与变量之间依赖关系的数学模型. 例如，当我们购买机票时，在价格不变时，应付票款就依赖于购票数量的变化.

函数是数学中的一个基本概念，也是解决现实生活中实际问题的重要工具之一. 本章我们将学习函数的概念及图像，函数的性质及反函数，函数在实际生活、生产中的应用.

3.1 函数的概念及表示法

3.1.1　函数的概念

知识回顾

初中学习过的函数概念：在一个变化过程中，有两个变量 x 和 y，如果对于 x 的每一个确定的值，y 都有唯一确定的值与它对应，那么就称 y 是 x 的函数，x 叫做自变量．初中我们学过的一次函数、反比例函数、一元二次函数，你还记得吗？

知识链接

设 A 是一个非空数集，如果对于集合 A 内的任意一个数 x，按照某个确定的对应法则 f，都有唯一确定的数 y 与它对应，那么 x 叫做**变量**，y 叫做 x 的**函数**，记作 $y=f(x)$，其中 x 的取值范围 A 叫做函数的**定义域**.

小提示：除使用 $f(x)$ 表示函数外，还常用 $g(x)$，$h(x)$，$F(x)$，$G(x)$ 等表示函数．

当 $x=x_0$ 时，函数 $y=f(x)$ 对应的值 y_0 叫做函数在 x_0 处的函数值，记作 $y_0=f(x_0)$. 函数值的集合 $\{y|y=f(x),x\in A\}$ 叫做函数的值域．例如，正比例函数 $y=2x$，即 $f(x)=2x$，有 $x=-4$ 处的函数值为 $f(-4)=2\times(-4)=-8$.

由函数的定义我们知道，定义域和对应法则是函数定义的两个要素．它们一旦确定，函数的值域也就确定了.

定义域和对应法则都相同的函数是同一个函数，而与表示函数的字母无关．例如，函数 $y=x$ 与函数 $s=t$ 是同一函数，但与函数 $y=\frac{x^2}{x}$ 不是同一函数.

知识巩固

例 1　已知 $f(x)=x^2-1$，求 $f(0)$，$f(4)$，$f(-1)$，$f(a)$.

分析　求函数值，只要将 x 的各个取值，分别代入函数表达式计算即可.

解　$f(0)=0^2-1=-1$；

$f(4)=4^2-1=15$；

$f(-1)=(-1)^2-1=0$；

$f(a)=a^2-1$.

知识运用

1. 已知 $f(x)=-2x+7$，求 $f(-2)$，$f(0)$，$f(b+1)$.
2. 已知 $f(x)=x^2+2x-5$，求 $f(1)$，$f(a)$，$f(x-1)$.

3.1.2 函数的表示法

问题探索

1. 某一型号飞机着陆后滑行的距离 y(单位：m)与滑行时间 x(单位：s)之间的函数关系式是 $y=60x-\frac{3}{2}x^2$，该型号飞机着陆后滑行 600 m 才能停下来．为什么？飞机着陆后滑行________ s才能停下来．

2. 臭氧层是大气平流层中臭氧浓度最大处，是地球的一个保护层，太阳紫外线辐射大部被其吸收，从而避免紫外线过多对地球生物带来的伤害．近几年来，大气层中的臭氧迅速减少，因而出现了臭氧层空洞问题．图 3-1 显示了南极上空臭氧层空洞的面积从 1979—2001 年的变化情况．

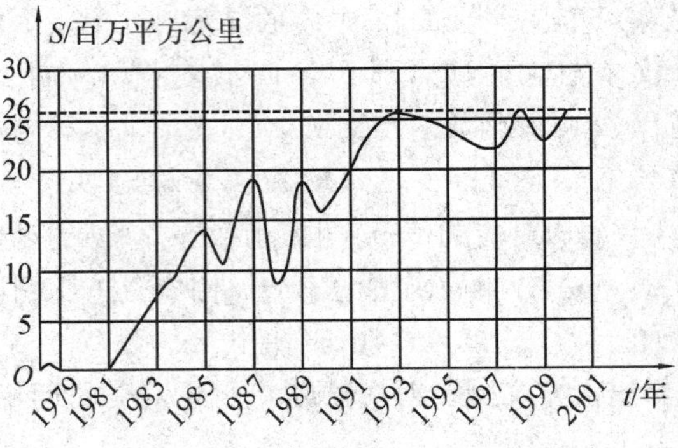

图 3-1

3. 某种饮料的单价是 5 元/瓶，那么将购买饮料的瓶数 x(单位：个)，与应付款 y(单位：元)的对应关系列成表格(如表 3-1)．

表 3-1

x	1	2	3	4	5	6	7	8	…
y	5	10	15	20	25	30	35	40	…

知识链接

像 $y=60x-\frac{3}{2}x^2$ 这样，用等式来表示两个变量之间的函数关系的方法叫做解析法，这个等式叫做函数的**解析式**.

初中学过的一次函数 $y=kx+b(k\neq0)$，反比例函数 $y=\frac{k}{x}(k\neq0)$，二次函数 $y=ax^2+bx+c(a\neq0)$ 都是利用解析法来表示的函数.

图 3-1 中所示曲线一目了然地反映了臭氧层空洞的面积随时间的变化情况，像这样，用图像来表示函数的方法叫做图像法.

表 3-1 清晰地反映出了函数 y 与自变量 x 之间的关系，像这样，用表格表示函数的方法叫做列表法.

知识巩固

例 2　求下列函数的定义域：

(1) $f(x)=\dfrac{1}{x+4}$；　　(2) $f(x)=\sqrt{2-3x}$.

分析　函数的定义域就是使函数的解析式有意义的自变量取值的集合.

解　(1)由题意，需 $x+4\neq 0$，即 $x\neq -4$，

所以函数的定义域为 $(-\infty, -4)\cup(-4, +\infty)$.

(2)由题意，需 $2-3x\geqslant 0$，即 $x\leqslant \dfrac{2}{3}$，

所以函数的定义域为 $\left(-\infty, \dfrac{2}{3}\right]$.

知识运用

求下列函数的定义域：

(1) $f(x)=2x^2+x-1$；(2) $f(x)=\dfrac{1}{2x-1}$；(3) $f(x)=\sqrt{x^2-3x+2}$.

问题探索

某种笔记本的单价是 5 元，买 x，$x\in\{1, 2, 3, 4, 5\}$ 个笔记本需要付款 y 元，试用三种方法表示这个函数.

分析　由题意得，这个函数的定义域是数集 $\{1, 2, 3, 4, 5\}$.

用解析法表示这个函数为 $y=5x$，$x\in\{1, 2, 3, 4, 5\}$.

用列表法表示函数如表 3-2 所列.

表 3-2

x/个	1	2	3	4	5
y/元	5	10	15	20	25

用图像法表示函数如图 3-2 所示.

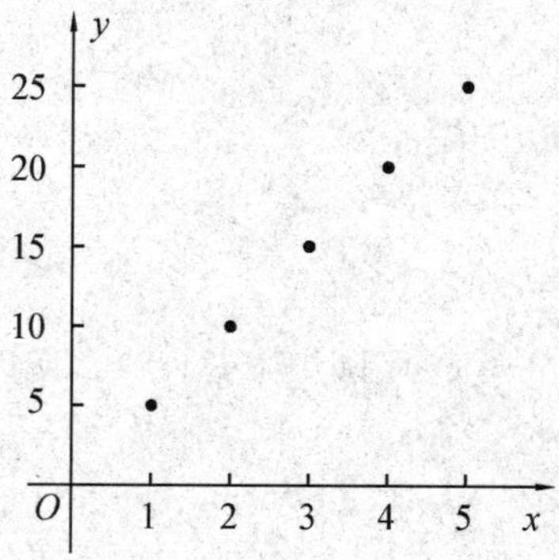

图 3-2

想一想：这个函数的图像为什么不连接成一条线呢？

知识链接

已知函数的解析式，作函数图像的步骤：

(1)确定函数的定义域；

(2)选取适当自变量 x(一般选取具有代表性的值)，计算出其对应函数值 y，列出表格；

(3)以表格中每对对应值为坐标，在平面直角坐标系内描出相应的点；

(4)按照自变量由小到大的顺序，根据题意确定是否把所描各点用平滑的曲线连接起来.

这种作函数图像的方法叫做“**描点法**”，即“列表、描点、连线”.

知识巩固

例 3　利用“描点法”做出函数 $f(x)=\frac{2}{x}(x>0)$ 的图像，并判断 $\left(\frac{1}{2},\ 4\right)$ 是否为图像上的点(求函数值时，精确到 0.01).

解　(1)函数的定义域为 $(0,\ +\infty)$；

(2)列表如表 3-3 所列.

表 3-3

x	1	2	3	4	5	…
y	2	1	0.67	0.5	0.4	…

(3)描点；

(4)用光滑曲线连接这些点，得函数图像如图 3-3 所示；

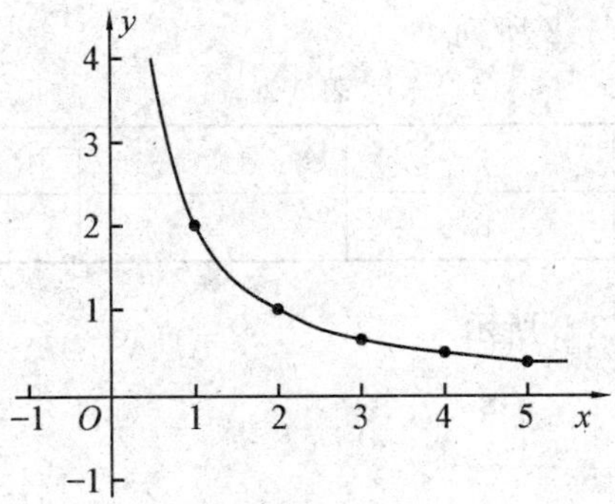

图 3-3

(5)因为 $f\left(\frac{1}{2}\right)=4$，所以点 $\left(\frac{1}{2},\ 4\right)$ 是图像上的点.

软件链接

利用几何画板可以快速方便地做出函数 $f(x)=\dfrac{2}{x}(x>0)$ 的图像，如图 3-4 所示.

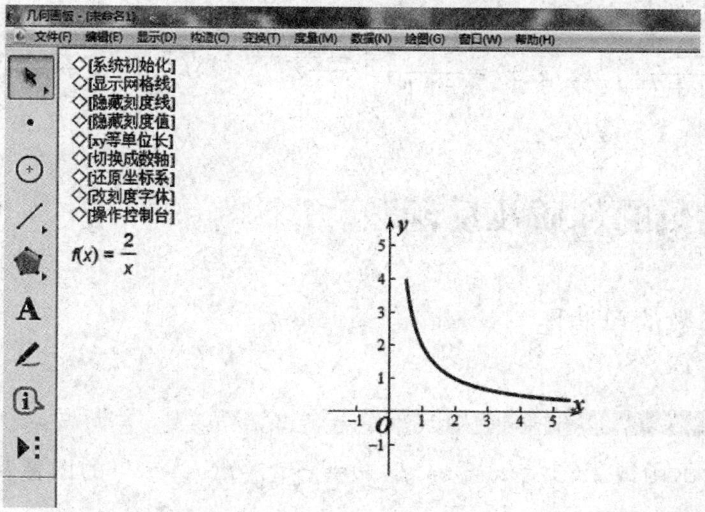

图 3-4

知识运用

1. 判断点 $P(2,\ 3)$，$Q(0,\ -1)$是否在函数 $f(x)=x^2-1$ 的图像上.

2. 用“描点法”做出下列函数的图像：

(1) $f(x)=2x$；　　(2) $g(x)=-x+2$.

习题 3.1

A 组

1. 某汽车行驶速度是 60 km/h，行驶路程(s)是行驶时间(t，$t\in[0,\ 4]$)的函数，请分别用解析法和图像法表示这个函数.

2. 设函数 $f(x)=x^2+x$，求 $f(0)$，$f(-3)$，$f(a)$.

3. 判断点 $P(1,\ -1)$，$Q(2,\ 7)$是否在函数 $f(x)=-x^2+5x-1$ 的图像上.

4. 求下列函数的定义域.

(1) $f(x)=\dfrac{x-1}{x+2}$；　(2) $g(x)=\sqrt{1-x}+\sqrt{x-4}-5$；　(3) $h(x)=\sqrt{4-x^2}$.

5. 用“描点法”作出下列函数的图像.

(1) $f(x)=2x-1$，$x\in(-2,\ -1,\ 0,\ 1,\ 2,\ 3)$；

(2) $g(x)=\sqrt{x}$.

B 组

1. 用“描点法”作出函数 $f(x)=|x-1|$ 的图像.

2. 已知 $f(x)=-\frac{2}{x}$，点 $A(b,1)$在函数的图像上，求 b.

3. 求下列函数的定义域.

(1) $f(x)=\frac{x-1}{x+2}$；　(2) $g(x)=\frac{1}{x+1}+\sqrt{x+2}$；　(3) $h(x)=\sqrt{-x^2+5x+6}$.

3.2 函数的性质及反函数

3.2.1 函数的单调性

实 例

图 3-5 中所示函数 $f(x)=x+1$，$f(x)=-x$，$f(x)=x^2$ 的图像从左至右的变化规律：

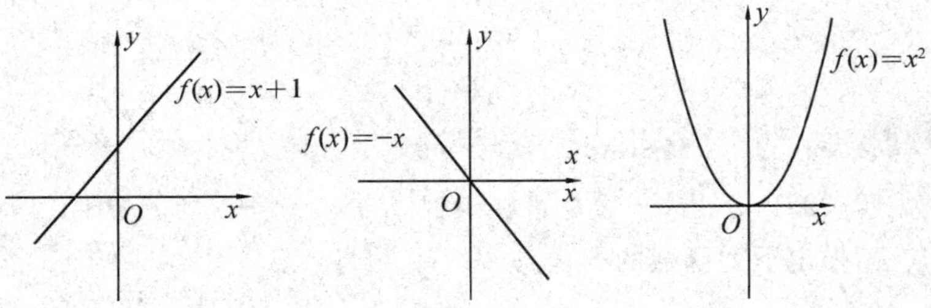

图 3-5

(1)在$(-\infty,+\infty)$上，函数 $f(x)=x+1$ 的图像呈上升趋势，$f(x)$随着 x 的增大而增大.

(2)在$(-\infty,+\infty)$上，函数 $f(x)=-x$ 的图像呈下降趋势，$f(x)$随着 x 的增大而减小.

(3) $f(x)=x^2$ 在$(-\infty,0)$上的图像呈下降趋势，$f(x)$随着 x 的增大而减少，$f(x)=x^2$ 在$(0,+\infty)$上的图像呈上升趋势，$f(x)$随着 x 的增大而增大.

知识链接

通过观察分析可以看出：不同的函数，其图像变化趋势也不相同，同一函数在不同区间上的变化趋势也不相同．函数图像的这种变化规律就是我们要研究的函数的一个重要性质——单调性.

函数值随着自变量的增大而增大(或减小)的性质叫做函数的**单调性**.

图 3-5(3)中，在$(0,+\infty)$内函数图像从左至右呈上升趋势，函数值随着自变量的增大而增大．函数的这种性质描述为：

设函数 $y=f(x)$在区间(a,b)内有意义．如果对任意的 x_1，$x_2\in(a,b)$，当$x_1<x_2$时，都有 $f(x_1)<f(x_2)$成立，则函数 $f(x)$叫做区间(a,b)内的**增函数**(increasing function)，区间(a,b)叫做函数的**增区间**(图 3-6(1))．

图 3-5(3)中，在$(-\infty,0)$内函数图像从左至右呈下降趋势，函数值随着自变量的增大而减小．函数的这种性质描述为：

设函数 $y=f(x)$在区间(a,b)内有意义．如果对任意的 x_1，$x_2\in(a,b)$，当$x_1<x_2$时，都有 $f(x_1)>f(x_2)$成立，则函数 $f(x)$叫做区间(a,b)内的**减函数**(decreasing function)，区间(a,b)叫做函数的**减区间**(图 3-6(2))．

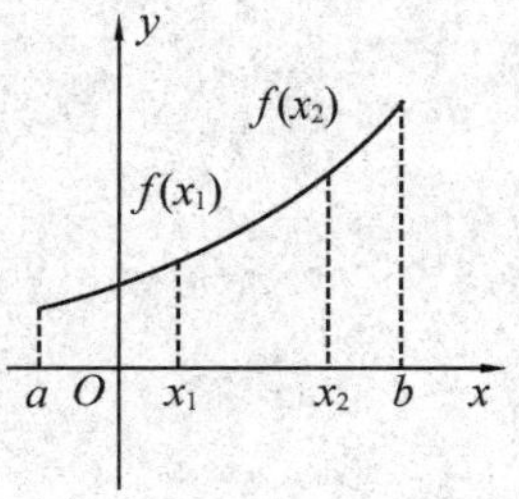

(1)

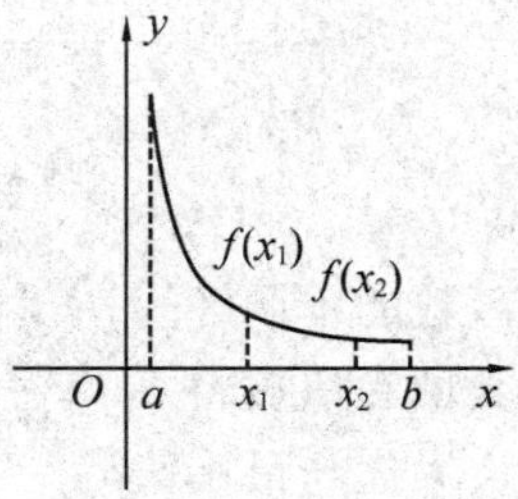

(2)

图 3-6

若函数 $y=f(x)$在某个区间(c,d)内是增函数(或减函数)，则称函数在区间(c,d)内具有单调性，区间(c,d)叫做函数的单调区间．

由上面的学习我们知道，判断函数的单调性：可以观察函数的图像，也可以利用函数的定义来判断．

说明：函数的单调区间可以是开区间，也可以是左半开区间、右半开区间或闭区间．

知识巩固

例 1　某市一天 24 小时的气温变化如图 3-7 所示．气温 θ 是关于时间 t 的函数，记作 $\theta=f(t)$．观察气温变化图，指出这个函数的单调区间．

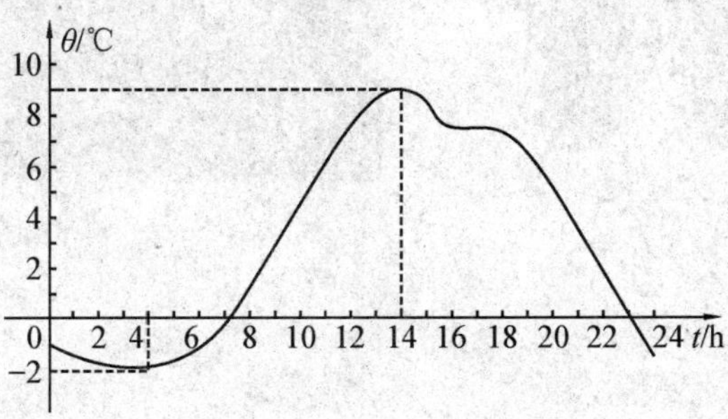

图 3-7

解 观察函数图像得函数的增区间为[4，14]，减区间为[0，4]，[14，23].

知识运用

1. 已知函数图像如图所示.

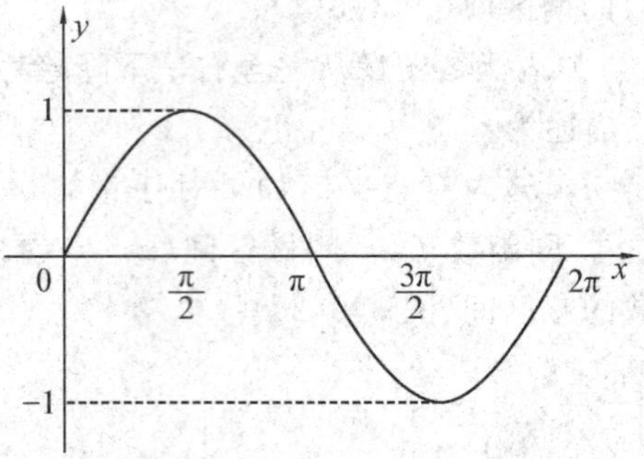

（第 1 题）

(1)根据图像说出函数的单调区间；

(2)写出函数的定义域和值域；

(3)写出该函数的最大值与最小值.

2. 讨论一次函数 $f(x)=kx+b(k\neq 0)$ 的单调性.

3.2.2 函数的奇偶性

知识回顾

在初中，我们已经学习了对称点的坐标特征，认识了轴对称图形和中心对称图形．在我们的日常生活中，有很多的对称图形，如图 3-8 所示．

图 3-8

问题探索

两个分别关于 x 轴、y 轴或原点 O 对称的点，其坐标各具有什么特征呢？

分析 如图 3-9 所示，点 $P(2，3)$关于 x 轴的对称点就是沿着 x 轴对折，得到与点 P

相重合的点 $P_1(2,\ -3)$；类似地，沿着 y 轴对折得到点 $P_2(-2,\ 3)$；它关于原点 O 的对称点是线段 OP 绕着原点 O 旋转 $180°$，得到与点 P 重合的点 $P_3(-2,\ -3)$.

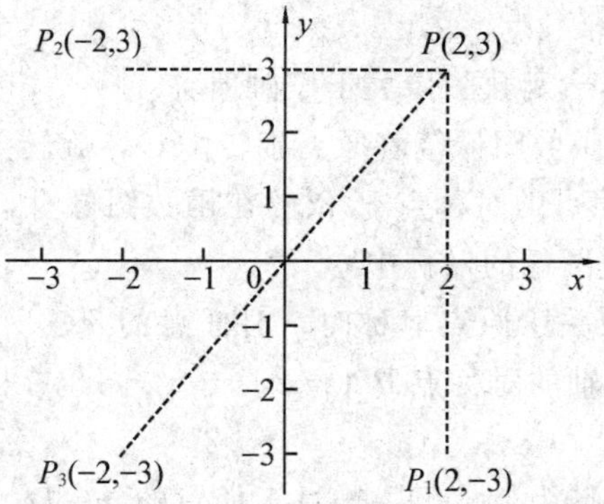

图 3-9

一般地，设点 $P(a,\ b)$为平面内任意一点，则

(1)点 $P(a,\ b)$关于 x 轴的对称点的坐标为$(a,\ -b)$；

(2)点 $P(a,\ b)$关于 y 轴的对称点的坐标为$(-a,\ b)$；

(3)点 $P(a,\ b)$关于原点的对称点的坐标为$(-a,\ -b)$.

试一试

(1)点(2，3)关于 x 轴的对称点的坐标为________；

(2)点(−1，4)关于 y 轴的对称点的坐标为________；

(3)点(−3，0)关于原点的对称点的坐标为________.

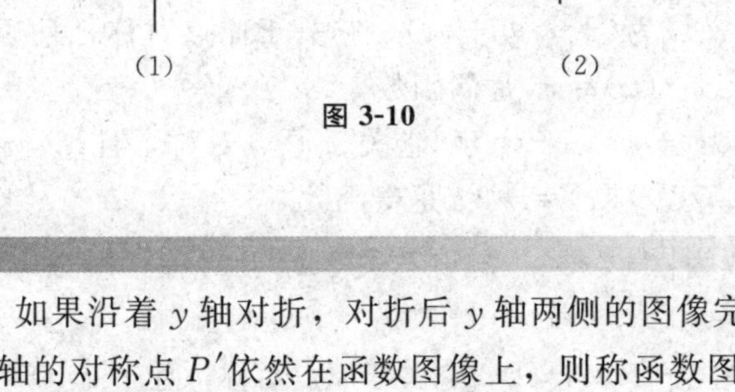

图 3-10

知识链接

观察图 3-10(1)，如果沿着 y 轴对折，对折后 y 轴两侧的图像完全重合．即函数图像上任意一点 P 关于 y 轴的对称点 P'依然在函数图像上，则称函数图像关于 y 轴对称，并把 y 轴叫做这个函数图像的**对称轴**.

当函数 $y=f(x)$的图像关于 y 轴对称时，对任意的 $x\in D$，都有 $-x\in D$，且图像上任意一点 $P(x,\ f(x))$关于 y 轴的对称点 $P'(-x,\ f(x))$也在图像上．将函数的这个特性定义如下：

偶函数：设函数的定义域为数集 D，若对于任意的 $x\in D$，都有 $-x\in D$，且 $f(-x)=f(x)$，则函数 $f(x)$ 叫做偶函数.

函数 $y=f(x)$ 是偶函数 $\Leftrightarrow$ 函数图像关于 y 轴对称.

观察图 3-10(2)，如果函数图像绕着原点旋转 180°，旋转前后的图像完全重合，即函数图像上任意一点 P 关于原点的对称点 P' 依然在函数图像上，则称函数图像关于原点对称，并把原点叫做这个函数图像的对称中心.

当函数 $y=f(x)$ 的图像关于原点对称时，对任意的 $x\in D$ 都有 $-x\in D$，且图像上任意一点 $P(x,\ f(x))$ 关于 y 轴的对称点 $P'(-x,\ -f(x))$ 也在图像上．将函数的这个特性定义如下：

奇函数：设函数的定义域为数集 D，若对于任意的 $x\in D$，都有 $-x\in D$，且 $f(-x)=-f(x)$，则函数 $f(x)$ 叫做奇函数.

函数 $y=f(x)$ 是奇函数 $\Leftrightarrow$ 函数图像关于原点对称.

若一个函数是奇函数或偶函数，则称这个函数具有奇偶性．不具有奇偶性的函数叫做**非奇非偶函数**.

知识巩固

例 2　判断下列函数的奇偶性：

(1) $f(x)=x^2$；　　(2) $f(x)=-2x$；

(3) $f(x)=\sqrt{x}$；　　(4) $f(x)=x+1$.

分析　判断函数的奇偶性可以观察函数的图像，也可以利用定义.

由定义判断函数的奇偶性的方法是：

(1)求出函数的定义域 D；

(2)判断定义域 D 是否关于原点对称，即对任意的 $x\in D$，都有 $-x\in D$，则定义域关于原点对称；若存在某个 $x_0\in D$，但 $-x_0\notin D$，则函数为非奇非偶函数；

(3)计算 $f(-x)$．若 $f(-x)=f(x)$，则函数为偶函数；若 $f(-x)=-f(x)$，则函数为奇函数；若 $f(-x)\neq -f(x)$，则函数为非奇非偶函数.

解　(1)函数的定义域为 $(-\infty,\ +\infty)$，它关于原点对称，且 $f(-x)=(-x)^2=x^2$，故 $f(-x)=f(x)$，所以 $f(x)=x^2$ 是偶函数．

(2)函数的定义域为 $(-\infty,\ +\infty)$，它关于原点对称，且 $f(-x)=-(-2x)=2x$，故 $f(-x)=-f(x)$，所以 $f(x)=-2x$ 是奇函数.

(3)函数的定义域为 $[0,\ +\infty)$，它不关于原点对称，所以 $f(x)=\sqrt{x}$ 是非奇非偶函数.

(4)函数的定义域为 $(-\infty,\ +\infty)$，它关于原点对称，且 $f(-x)=-x+1$，但 $f(-x)\neq f(x)$，且 $f(-x)\neq -f(x)$，所以 $f(x)=x+1$ 是非奇非偶函数.

知识运用

判定下列函数的奇偶性：

(1) $f(x)=\frac{1}{x}$；　　(2) $f(x)=x^3-x$；

(3) $f(x)=-x^2+4$；　　(4) $f(x)=x$.

3.2.3　反函数

观　察

由成都开往攀枝花的一辆汽车，以 2km/min 的速度匀速行驶在高速公路上．则

(1) $t(t\geqslant 0)$分钟后汽车的路程 $s=2t$；

(2)若汽车的行驶路程是 $s(s\geqslant 0)$千米，那么汽车的行驶时间 $t=\frac{s}{2}$.

分析若两个函数之间的关系：

在(1)中，t 是自变量，s 是自变量 t 的函数；

在(2)中，s 是自变量，t 是自变量 s 的函数；

这时我们称函数 $t=\frac{s}{2}$是函数 $s=2t$ 的反函数.

此外，我们还发现(2)中的表达式可以由(1)中的表达式变换而得，即从(1)中求出 t 即可.

知识链接

所谓**反函数**(inverse function)，就是将原函数中自变量与变量调换位置，用原函数的变量表示自变量而形成的函数．一般地，设函数 $y=f(x)(x\in D)$的值域是 C，根据这个函数中 x，y 的关系，用 y 把 x 表示出，得到 $x=g(y)$. 若对于 y 在 C 中的任何一个值，通过 $x=g(y)$，x 在 D 中都有唯一的值和它对应，那么，$x=g(y)$就表示 y 是自变量，x 是因变量的函数，这样的函数 $x=g(y)(y\in C)$叫做函数 $y=f(x)(x\in D)$的反函数，记作 $x=f^{-1}(y)$. 反函数 $y=f^{-1}(x)$的定义域、值域分别是函数 $y=f(x)$的值域、定义域.

根据习惯，我们用 x 表示自变量，则 $x=f^{-1}(y)$可改写为 $y=f^{-1}(x)$.

知识巩固

例 3　用列表法表示函数 $f(x)$，请用列表法求出它的反函数 $f^{-1}(x)$. 如表 3-4 所列.

表 3-4

x	1	2	3	4
$f(x)$	3	1	4	1

解　由于反函数 $y=f^{-1}(x)$的定义域、值域分别是函数 $y=f(x)$的值域、定义域．所

以列表法表示 $f^{-1}(x)$，如表 3-5 所列．

表 3-5

x	3	1	4	1
$f^{-1}(x)$	1	2	3	4

例 4 求下列函数的反函数：

(1) $y=3x+1(x\in\mathbf{R})$； (2) $f(x)=\sqrt{x}$，$x\in[0,+\infty)$．

分析 求反函数的步骤：(1)反解，由 $y=f(x)$ 解出 $x=f^{-1}(y)$；(2) x，y 互换位置，得 $y=f^{-1}(x)$；(3)写定义域，即原函数的值域．

解 (1)由 $y=3x+1$ 解得 $x=\dfrac{y-1}{3}$，$\therefore f^{-1}(x)=\dfrac{x-1}{3}(x\in\mathbf{R})$．

(2) $\because x\geqslant 0$，$\therefore y\geqslant 0$，由 $y=\sqrt{x}$ 解得 $x=y^2$，$\therefore f^{-1}(x)=x^2$，$x\in[0,+\infty)$．

知识运用

求下列函数的反函数：

(1) $y=-2x$； (2) $f(x)=\dfrac{1}{x}$； (3) $y=\sqrt{x}+1$．

实 验

在一张白纸上画一个直角坐标系，然后画出 $y=2x$ 的图像 l_1 与 $y=\dfrac{1}{2}x$ 的图像 l_2，再画出直线 $y=x$．将白纸沿直线 $y=x$ 折叠，观察 l_1 与 l_2 是否完全重合(图 3-11)．

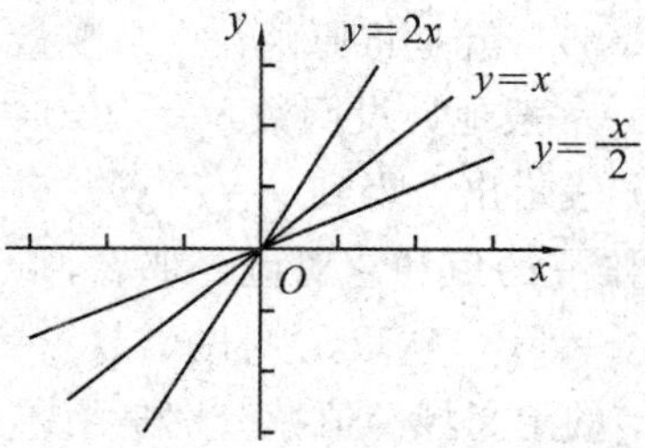

图 3-11

通过上面的实验我们看到 l_1 与 l_2 完全重合．这说明函数 $y=2x$ 的图像与它的反函数 $y=\dfrac{1}{2}x$ 的图像关于直线 $y=x$ 对称．

知识链接

一般地，若函数 $y=f(x)$ 有反函数，那么 $y=f(x)$ 的图像与它的反函数 $y=f^{-1}(x)$ 的图像关于直线 $y=x$ 对称．

知识运用

画出 $y=2x-5s$ 的图像与它的反函数的图像.

习题 3.2

A 组

1. 设函数 $f(x)$ 的图像如图所示，写出该函数的单调区间.

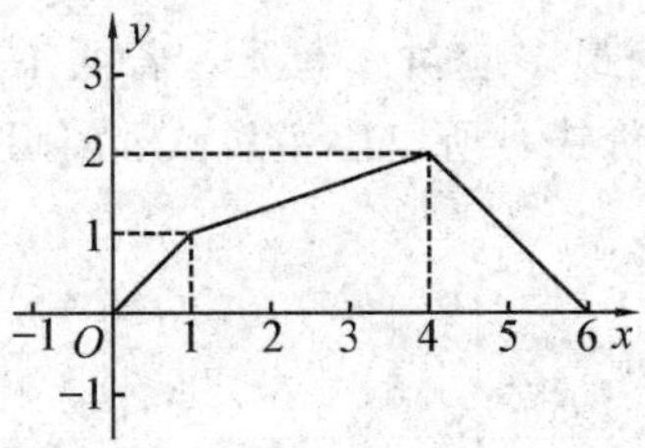

(第 1 题)

2. 判断下列函数的奇偶性：

(1) $f(x)=-2x^2+5$；　　(2) $f(x)=-3x$；

(3) $f(x)=\dfrac{1}{x^2}$；　　(4) $f(x)=2x-1$.

3. 求下列函数的反函数：

(1) $y=2x-3$；　　(2) $f(x)=-\dfrac{3}{x}$；

(3) $y=\sqrt{x+1}$；　　(4) $f(x)=\dfrac{1}{2x+1}$.

B 组

1. 填空.

(1) 已知函数 $y=f(x)$ 是奇函数，且 $f(-3)=5$，则 $f(3)=$ ________；

(2) 已知函数 $y=f(x)$ 是偶函数，且 $f(2)=4$，则 $f(-2)=$ ________.

2. 讨论函数 $f(x)=3x^2+1$ 在 $(0, +\infty)$ 上的单调性.

3. 讨论下列函数的奇偶性.

(1) $f(x)=x^3-x$；　　(2) $f(x)=x^4+3x^2$.

3.3 函数应用举例

函数在数学及实际生活中有着广泛的应用，在我们身边就存在着很多与函数有关的问题，有一类函数，在自变量的不同取值范围内，函数有不同的解析式，下面就是这样一个生活中的函数.

问题探索

夏天，大家都喜欢吃西瓜，而西瓜的价格往往与西瓜的重量相关．某人到一个水果店去买西瓜，价格表上写的是：6 斤以下，每斤 0.40 元；6 斤以上 9 斤以下，每斤 0.50 元；9 斤以上，每斤 0.60 元．此人挑了一个西瓜，称重后店主说 5 元 1 角，1 角就不要了，给 5 元吧．可这位聪明的顾客马上说，你不仅没少要，反而多收了我的钱．当顾客讲出理由，店主只好承认了错误，照实收了钱.

同学们，你知道顾客是怎么知道店主坑人的吗？

分析　若西瓜重 9 斤以下则最多应付 4.5 元，若西瓜重 9 斤以上，则最少也要 5.40 元，不可能出现 5.10 元这样的价钱，所以店主坑人了．用 y 表示总价钱，x 表示西瓜的重量，那么这个函数可以表示为

$$y=\begin{cases}0.4x, & 0<x<6, \\ 0.5x, & 6\leqslant x\leqslant 9, \\ 0.6x, & x>9.\end{cases}$$

知识链接

这个函数与前面所见到的函数不同，在自变量的不同取值范围内，有不同的对应法则，需要用不同的解析式来表示．我们把这种函数叫做**分段函数**.

说明：分段函数是一个函数，只不过需要分段.

分段函数的定义域是自变量的各个不同取值范围的并集．例如，上述问题中函数的定义域为 $(0, 6)\cup[6, 9]\cup(9, +\infty)=(0, +\infty)$.

在分段函数中求函数值 $f(x_0)$ 时，首先应判断 x_0 所属的取值范围，然后再把 x_0 代入相对应的式子中进行计算．例如，买 5 斤的价钱为 $f(5)=0.4\times5=2$（元）.

作分段函数的图像时，要在同一坐标系中，分别在自变量的各个不同取值范围内，根据相应的式子作出相应部分的图像．例如，上述问题中的图像如图 3-12 所示.

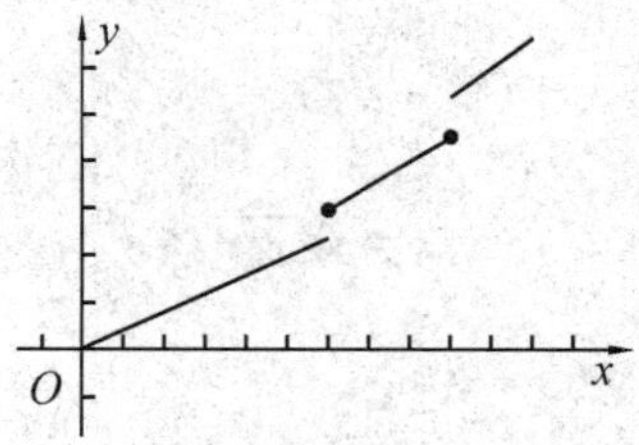

图 3-12

知识巩固

例 1　我国是一个缺水的国家，很多城市的生活用水远远低于世界平均水平．为了加强公民的节水意识，某城市制定了每户每月用水收费（含用水费和污水处理费）标准如表 3-6 所列.

表 3-6

水费种类	用水量不超过 10 m^3 的部分	用水量超出 10 m^3 的部分
用水费（元/m^3）	1.3	2.0
污水处理费（元/m^3）	0.3	0.8

(1)写出每户每月用水量 x(m^3)与应交水费 y(元)之间的函数关系式；

(2)作出函数图像；

(3)求某用户用水 11 m^3 时应交的水费.

解　(1)当用水量不超过 10 m^3，$y=(1.3+0.3)x=1.6x$，当用水量超过 10 m^3，$y=1.6\times10+(2.0+0.8)\cdot(x-10)=2.8x-12$，综上所述，将函数写作

$$y=\begin{cases}1.6x,\ x\in(0,\ 10],\\2.8x-12,\ x\in(10,\ +\infty).\end{cases}$$

(2)在同一直角坐标系中作出函数 $y=1.6x$，$x\in(0,\ 10)$ 与函数 $y=2.8x-12$，$x\in(10,\ +\infty)$的图像(图 3-13).

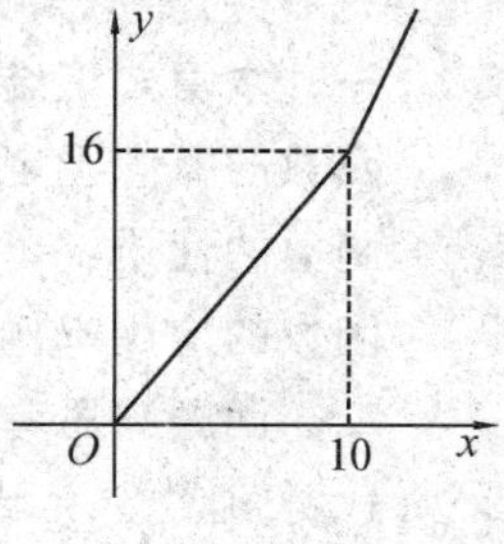

图 3-13

(3)由于 $11\in(10,\ +\infty)$，用户用水 11 m^3 时应交的水费 $y=2.8\times11-12=18.80$(元).

知识运用

1. 设函数 $f(x)=\begin{cases}2x-1,\ x\leqslant0,\\x^2,\ x>0.\end{cases}$

(1)求函数的定义域；

(2)求 $f(2)$，$f(0)$，$f(-1)$的值；

(3)用几何画板作出函数的图像.

2. 某城市固定电话市内通话的收费标准是：每次通话 3 分钟以内，收费 0.20 元；超过 3 分钟以后，每分钟(不足 1 分钟按 1 分钟计算)收费 0.10 元．如果通话时间不超过 6 分钟，试建立通话应付费与通话时间之间的函数关系式，并作出函数图像．

习题 3.3

A 组

1. 设函数 $f(x)=\begin{cases}2x+1,\ x\leqslant0,\\4-x^2,\ 0<x\leqslant4.\end{cases}$

(1)求函数的定义域；

(2)求 $f(-3)$，$f(0)$，$f(2)$的值.

2. 某服装批发店采用打折的方法促销 T 恤：5 件以上(含 5 件)享受批发价 9 折；10 件以上(含 10 件)可以打 8 折．试建立顾客享受折扣价与购买 T 恤数量之间的函数关系，并作出函数的图像．

B 组

1. 有一种礼花的升空高度 h(m)与飞行时间 t(s)的关系式是 $h=-\dfrac{5}{2}t^2+20t+1$，若这种礼花在点火升空到最高点时引爆，求从点火升空到引爆所需要的时间及礼花的上升高度.

2. 用 12 cm 长的一根铁丝，围成一个矩形小框，当长和宽各为多少时，围成的矩形面积最大？最大值是多少？

本章小结

一、本章知识结构

函数的概念：定义域、函数值、表示方法.

函数的性质：单调性和奇偶性.

函数的应用举例：分段函数.

二、回顾与思考

1. 求函数定义域的方法

(1)整式函数，定义域为 **R**；

(2)分式函数，分母不为 0；

(3)偶次根式函数，被开方数大于等于 0；

(4)实际问题具体分析.

2. 函数的单调性

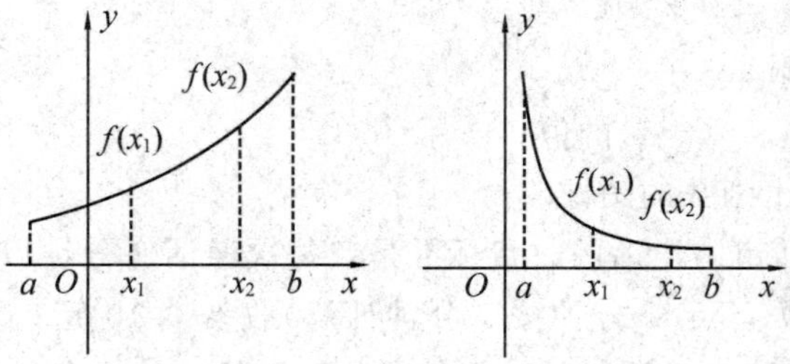

（增函数）　　（减函数）

3. 函数的奇偶性

(1)函数 $f(x)$的图像关于 y 轴对称$\Leftrightarrow f(-x)=f(x)$，则函数 $y=f(x)$是偶函数；

(2)函数 $y=f(x)$的图像关于原点对称$\Leftrightarrow f(-x)=-f(x)$，则函数 $y=f(x)$是奇函数；

(3)既不是奇函数又不是偶函数的函数称为非奇非偶函数；

(4)奇＋奇＝奇，偶＋偶＝偶，奇＋偶＝非奇非偶.

4. 如何求分段函数的定义域，如何求分段函数在给定点处的函数值?

复习题 3

A 组

1. 填空.

(1)点 $P(-2, 3)$关于 x 轴的对称点的坐标为________，关于原点的对称点的坐标为________，关于 y 轴的对称点的坐标为________.

(2)已知 $f(x)=5x^2-7$，则 $f(3)=$________，$f(-2)=$________.

(3)函数 $f(x)=\sqrt{x^2-16}$的定义域是________.

(4)已知 $f(x)=\begin{cases}2x+3, & x<0,\\ x^3-4, & x\geqslant 0,\end{cases}$ 则 $f(-4)=$________，$f(5)=$________.

2. 设函数 $f(x)=-3x^2+4x-7$，求 $f(0)$，$f(-1)$，$f(b)$，$f(a-1)$的值.

3. 求下列函数的定义域：

(1) $f(x)=\sqrt{x}+\sqrt{4-x}$；　(2) $g(x)=\sqrt{2x+3x^2}$.

4. 讨论下列函数的奇偶性：

(1) $f(x)=\dfrac{1}{2x}$；　(2) $g(x)=\sqrt{3x+1}$；　(3) $h(x)=-5x^2+4$.

5. 求下列函数的反函数：

(1) $f(x)=4x-1$；　(2) $f(x)=-x$；　(3) $f(x)=\dfrac{3}{x-1}$.

6. 设函数 $f(x)=\begin{cases}-3, & -1\leqslant x<0,\\ 4x-3, & x\geqslant 0.\end{cases}$

(1)写出函数的定义域；

(2)求 $f\left(-\dfrac{1}{3}\right)$与 $f(2)$的值；

(3)作出函数的图像.

7. 某城市出租汽车收费标准为：当行程不超过 3 km 时，收费 7 元；行程超过 3 km，但不超过 10 km 时，在收费 7 元的基础上，超过 3 km 的部分每公里收费 1.00 元；超过 10 km 时，超过部分除每公里收费 1.00 元外，再加收 50%的回程空驶费．试求车费 y(元)与 x(公里)之间的函数解析式，并作出函数图像.

B组

1. 画出函数 $f(x)=-\dfrac{1}{x}$的图像，并且指出它的单调区间、奇偶性.

2. 移动公司开展了两种通信业务：“全球通”，月租 50 元，每通话 1 分钟，付费 0.40 元；“神舟行”不缴月租，每通话 1 分钟，付费 0.60 元．设一个月内通话 x 分钟，两种通信方式的费用分别为 y_1，y_2 元．若某人预计一个月内通话 300 分钟，他应该选择哪种通信方式？

阅读欣赏

数学家——华罗庚的故事

有一次，华罗庚跟邻居家的孩子一起出城去玩，他们走着走着，忽然看见路旁有座荒坟，坟旁有许多石人、石马．这立刻引起了华罗庚的好奇心，他非常想去看个究竟．于是他就对邻居家的孩子说：“那边可能有好玩的，我们过去看看好吗?”邻居家的孩子回答道：“好吧，但只能待一会儿，我有点害怕．”胆大的华罗庚笑着说：“不用怕，世间是没有鬼的．”说完，他首先向荒坟跑去．两个孩子来到坟前，仔细端详着那些石人、石马，用手摸摸这儿，摸摸那儿，觉得非常有趣．爱动脑筋的华罗庚突然问邻居家的孩子：“这些石人、石马各有多重?”邻居家的孩子迷惑地望着他说：“我怎么能知道呢？你怎么会问出这样的傻问题，难怪人家都叫你‘罗呆子’.”华罗庚很不甘心地说道：“能否想出一种办法来计算一下呢?”邻居家的孩子听到这话大笑起来，说道：“等你将来当了数学家再考虑这个问题吧！不过你要是能当上数学家，恐怕就要日出西山了.”华罗庚不顾邻家孩子的嘲笑，坚定地说：“以后我一定能想出办法来的.”当然，计算出这些石人、石马的重量，对于后来果真成为数学家的华罗庚来讲，根本不在话下.

金坛县城东青龙山上有座庙，每年都要在那里举行庙会．少年华罗庚是个喜爱凑热闹的人，凡是有热闹的地方都少不了他．有一年，华罗庚也同大人们一起去赶庙会，一个热闹场面吸引了他，只见一匹高头大马从青龙山向城里走来，马上坐着头插羽毛、身穿花袍的“菩萨”．所到之处，路上的老百姓纳头便拜，非常虔诚．拜后，他们向“菩萨”身前的小罐里投入钱，就可以问神问卦，求医求子了．华罗庚感到好笑，他自己却不跪不拜“菩萨”．站在旁边的大人见后很生气，训斥道：“孩子，你为什么不拜，这菩萨可灵了．”“菩萨真有那么灵吗?”华罗庚问道．一个人说道：“那当然，看你小小年纪千万不要冒犯了神灵，否则，你就会倒霉的．”“菩萨真的万能吗?”这个问题在华罗庚心中盘旋着．他不相信一尊泥菩萨真能救苦救难．庙会散了，看热闹的老百姓都回家了．而华罗庚却远远地跟踪着“菩萨”．看到“菩萨”进了青龙山庙里，小华罗庚急忙跑过去，趴在门缝向里面看．只见“菩萨”能动了，他从马上下来，脱去身上的花衣服，又顺手抹去脸上的装束．门外的华罗庚惊呆了，原来百姓们顶礼膜拜的“菩萨”竟是一位村民装扮的．华罗庚终于解开了心中的疑团，他将“菩萨”骗人的事告诉了村子里的每个人，人们终于恍然大悟了．从此，人们都对这个孩子刮目相看，再也无人喊他“罗呆子”了．正是华罗庚这种打破砂锅问到底的精神，成就了他在数学史上的传奇.

第 4 章　指数函数与对数函数

城市人口自然增长若干年后人口会达到多少？在没有历史记录的情况下，如何鉴定出土文物的年代？国内生产总值怎样计算？……科技、生产、生活中都会遇到大量的类似问题，解决这些问题就需要用到指数函数与对数函数的知识.

本章将在整数指数幂的基础上，推广指数的概念，并介绍指数函数与对数函数的图像及性质.

4.1 指数函数

4.1.1　n 次根式与指数幂的推广

1. n 次根式

知识回顾

初中阶段学习了开二次根和开三次根，若

$x^2=4\Rightarrow x=\pm\sqrt{4}=\pm 2$(开二次根(偶数))……有两个根且一正一负

$x^3=8\Rightarrow x=\sqrt[3]{8}=2$(开三次根(奇数))……只有一个根

$x^n=a\Rightarrow x=?$

小知识：开 2 次方根时，根指数 2 可以省略，如$\sqrt[2]{4}=\sqrt{4}$.

知识链接

一般地，若 $x^n=a(n\in\mathbf{N}^*$ 且 $n>1)$，那么 x 叫做 a 开 **n 次方根**，且有

$$x^n=a\Rightarrow x=\begin{cases}\pm\sqrt[n]{a}, & n\text{ 为偶数},\\ \sqrt[n]{a}, & n\text{ 为奇数}.\end{cases}\text{(开 } n \text{ 次方根)} \tag{4.1.1}$$

小知识：(1)当 n 为偶数时，正数 a 的 n 次方根$-\sqrt[n]{a}$和$\sqrt[n]{a}$中，$\sqrt[n]{a}$叫做 a 的 n 次算数根.

(2)n 叫做根指数，a 叫做被开方数.

注意：开奇数次方根和开偶数次方根的区别.

2. 指数幂的推广

知识回顾

初中学过整数指数幂的运算知识．当 $n\in\mathbf{N}^*$ 时，由 $a^n=\underbrace{a\cdot a\cdot a\cdot\cdots\cdot a}_{n\text{个}}$，知道

$2^3=8$……指数为正整数

$2^0=1$……指数为零

$2^{-3}=\left(\frac{1}{2}\right)^3=\frac{1}{8}$……指数为负整数

$2^{\frac{3}{5}}=?$ ……指数为分数

知识链接

现在将整数指数幂推广到**有理数指数幂**，规定：

$$a^{\frac{m}{n}}=\sqrt[n]{a^m}. \tag{4.1.2}$$

其中 m，$n\in\mathbf{N}^*$ 且 $n>1$. 当 n 为奇数时，$a\in\mathbf{R}$；当 n 为偶数时，$a\geqslant 0$.

由于初中学过知识点：$a^{-n}=\left(\frac{1}{a}\right)^n=\frac{1}{a^n}$，规定：

$$a^{-\frac{m}{n}}=\frac{1}{\sqrt[n]{a^m}}. \tag{4.1.3}$$

注意：指数为正时与为负时转化的不同.

知识巩固

例 1　将下列各分数指数幂转换为根式的形式.

(1)$x^{\frac{8}{9}}$；(2)$10^{\frac{1}{2}}$；(3)$5^{-\frac{11}{6}}$.

解　(1)底数是 x；分数指数的分子是 8，分母是 9，故 $x^{\frac{8}{9}}=\sqrt[9]{x^8}$；

(2)底数是 10；分数指数的分子是 1，分母是 2，故$10^{\frac{1}{2}}=\sqrt[2]{10^1}=\sqrt{10}$；

(3)底数是 5；分数指数是负数，分子是 11，分母是 6，故 $5^{-\frac{11}{6}}=\frac{1}{\sqrt[6]{5^{11}}}$.

例 2　将下列各根式转换为分数指数幂的形式.

(1)$\sqrt{3}$；(2) $\sqrt[5]{11^2}$；(3)$\frac{1}{\sqrt[9]{7^4}}$.

解　(1)底数是 3；底数的指数是省略 1，根指数是省略 2，故$\sqrt{3}=3^{\frac{1}{2}}$；

(2)底数是 11；底数的指数是 2，根指数是 5，故 $\sqrt[5]{11^2}=11^{\frac{2}{5}}$；

(3)底数是 7；底数的指数是 4，根指数是 9，故$\frac{1}{\sqrt[9]{7^4}}=7^{-\frac{4}{9}}$.

知识运用

1. 将下列各分数指数幂转换为根式的形式.

(1)$a^{\frac{c}{b}}$；(2)$5^{\frac{10}{11}}$；(3)$2^{-\frac{2}{3}}$；(4)$4.6^{\frac{100}{101}}$.

2. 将下列各根式转换为分数指数幂的形式.

(1)$\sqrt{5}$；(2)$\sqrt[5]{9}$；(3)$\sqrt[3]{\frac{5}{4}}$；(4)$\frac{1}{\sqrt[6]{4xy}}$.

4.1.2　指数幂的运算

知识回顾

初中学过整数指数幂的运算法则，当 $a>0$，m，$n\in\mathbf{Z}$ 时：

(1)$a^m\cdot a^n=a^{m+n}$；(2)$(ab)^n=a^n\cdot b^n$；(3)$(a^m)^n=a^{m\cdot n}$.

可以证明(证明略)这些运算法则同样适用于**实数指数幂**，当 $a>0$，m，$n\in\mathbf{R}$ 时，有

$$a^m \cdot a^n = a^{m+n}. \tag{4.1.4}$$

$$a^m \div a^n = \frac{a^m}{a^n} = a^{m-n}. \tag{4.1.5}$$

$$(ab)^n = a^n \cdot b^n. \tag{4.1.6}$$

$$\left(\frac{b}{a}\right)^n = \frac{b^n}{a^n}. \tag{4.1.7}$$

$$(a^m)^n = a^{m \cdot n}. \tag{4.1.8}$$

知识巩固

例 3　计算下列各式.

(1)$8^{\frac{1}{3}} \times 64^{\frac{1}{2}} \times 32^{\frac{1}{5}}$；(2)$0.125^{\frac{1}{3}}$；(3)$\sqrt{3} \times \sqrt[3]{3} \div \sqrt[6]{3}$.

解　(1)原式$=(2^3)^{\frac{1}{3}} \times (2^6)^{\frac{1}{2}} \times (2^5)^{\frac{1}{5}} = 2^{3\times\frac{1}{3}} \times 2^{6\times\frac{1}{2}} \times 2^{5\times\frac{1}{5}} = 2^1 \times 2^3 \times 2^1 = 2^{1+3+1} = 2^5 = 32$；

(2)原式$=\left(\frac{1}{8}\right)^{\frac{1}{3}} = (8^{-1})^{\frac{1}{3}} = [(2^3)^{-1}]^{\frac{1}{3}} = (2^{-3})^{\frac{1}{3}} = 2^{-3\times\frac{1}{3}} = 2^{-1} = \frac{1}{2}$；

(或原式$=\left(\frac{1}{8}\right)^{\frac{1}{3}} = \left(\frac{1}{2^3}\right)^{\frac{1}{3}} = \frac{1^{\frac{1}{3}}}{(2^3)^{\frac{1}{3}}} = \frac{1}{2^{3\times\frac{1}{3}}} = \frac{1}{2}$).

(3)原式$=3^{\frac{1}{2}} \times 3^{\frac{1}{3}} \div 3^{\frac{1}{6}} = 3^{\frac{1}{2}+\frac{1}{3}-\frac{1}{6}} = 3^{\frac{2}{3}}$.

注意：由上述三题得到做指数幂计算题有三大关键.

(1)底数要最简化及底数尽量化为指数幂形式(底数尽量化为 2，3，5).

(2)小数一定化为分数.

(3)根式一定化为指数幂形式.

知识运用

1. 计算下列各式.

(1)$32^{\frac{2}{5}}$；　　(2)$8^{\frac{1}{3}} \times 64^{\frac{1}{2}} \times 32^{\frac{1}{5}}$；

(3)$0.125^{\frac{1}{3}} \times 0.25^{\frac{1}{2}}$；　　(4)$\sqrt{3} \times \sqrt[3]{9} \times \sqrt[4]{27}$.

2. 化简下列各式.

(1)$(a^{\frac{2}{3}} b^{\frac{1}{2}})^3 \cdot (2a^{-\frac{1}{2}} b^{\frac{5}{8}})^4$；　　(2)$\frac{\sqrt{xy}}{x^2 y^3}$.

4.1.3　指数函数

问　题

问题 1：某种病毒细胞的分裂，由 1 个分裂成 2 个，2 个分裂成 4 个，4 个分裂成 8 个……按照这个规律分裂下去，分裂的次数和细胞的个数的关系是怎样的？

问题 2：《庄子·天下篇》有这样一句话：“一尺之棰，日取其半，万世不竭．”意思是：“一尺之棰”，今天取其一半，明天取其一半的一半，后天再取其一半的一半的一半，如是“日取其半”，总有一半留下，所以“万世不竭”．按照这个规律取下去，取的次数和剩余量关系又是怎样的？

知识链接

1. 问题 1 中，设细胞分裂 x 次后得到的细胞数是 y，则可列表(表 4-1).

表 4-1

分裂次数 x	1	2	3	…	x	…
细胞数 y	$2(2^1)$	$4(2^2)$	$8(2^3)$	…	2^x	…

2. 问题 2 中，设取的次数 x 次后剩余是 y，则可列表(表 4-2).

表 4-2

取次数 x	1	2	3	…	x	…
剩余 y	$\frac{1}{2}\left(\left(\frac{1}{2}\right)^1\right)$	$\frac{1}{4}\left(\left(\frac{1}{2}\right)^2\right)$	$\frac{1}{8}\left(\left(\frac{1}{2}\right)^3\right)$	…	$\left(\frac{1}{2}\right)^x$	…

由此，问题 1 得到的关系式是 $y=2^x$，问题 2 得到的关系式是 $y=\left(\frac{1}{2}\right)^x$，这两个函数的指数 x 是自变量，底数则是一个常数．

一般地，形如

$$y=a^x \tag{4.1.9}$$

的函数叫做**指数函数**，其中底数 $a(a>0$ 且 $a\neq1)$为常数．指数函数的定义域为 $\mathbf{R}$，值域为$(0，+\infty)$．例如，$y=7^x$，$y=100^x$，$y=0.56^x$，$y=\pi^x$ 都是指数函数．下面利用“描点法”作指数函数 $y=2^x$ 和 $y=\left(\frac{1}{2}\right)^x$ 的图像表(表 4-3).

表 4-3

x	…	-3	-2	-1	0	1	2	3	…
$y=2^x$	…	$\frac{1}{8}$	$\frac{1}{4}$	$\frac{1}{2}$	1	2	4	8	…
$y=\left(\frac{1}{2}\right)^x$	…	8	4	2	1	$\frac{1}{2}$	$\frac{1}{4}$	$\frac{1}{8}$	…

以表中的 x 值与对应的值 y 为坐标，在平面直角坐标系中描出点$(x，y)$，并用光滑的曲线依次联结各点，得到图(图 4-1).

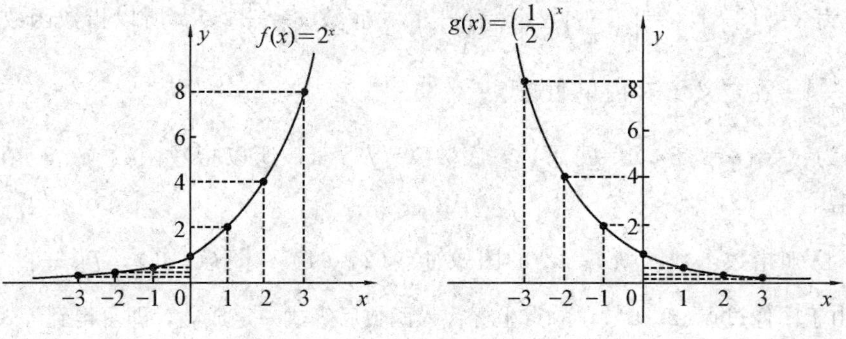

$y=2^x$ 的图像　　　　$y=\left(\frac{1}{2}\right)^x$ 的图像

图 4-1

观察

观察函数图像可以发现：

(1)函数 $y=2^x$ 和 $y=\left(\frac{1}{2}\right)^x$ 的图像都在 x 轴的上方，向上无限伸展，向下无限接近于 x 轴.

(2)函数图像都经过点(0，1).

(3)函数 $y=2^x$ 的图像自左至右呈上升趋势；函数 $y=\left(\frac{1}{2}\right)^x$ 的图像自左至右呈下降趋势.

知识链接

指数函数 $y=a^x$ $(a>0$ 且 $a\neq1)$ 具有以下性质：

(1)指数函数的定义域为 **R**，值域为 $(0，+\infty)$.

(2)指数函数 $y=a^x$ 中，当 $x=0$ 时，函数值 $y=a^0=1$，即指数函数的图像都会经过点(0，1).

(3)当 $a>1$ 时，函数在定义域 $(-\infty，+\infty)$ 内是**单调递增函数**；当 $0<a<1$ 时，函数在定义域 $(-\infty，+\infty)$ 内是**单调递减函数**.

知识巩固

例 4　判断下列指数函数在定义域内的单调性.

(1) $y=5^x$；(2) $y=\left(\frac{5}{6}\right)^x$；(3) $y=\left(\frac{2}{\pi}\right)^{-x}$；(4) $y=3^{\frac{x}{2}}$.

解　(1)因为底数 $a=5>1$，所以指数函数 $y=5^x$ 在定义域 **R** 内单调递增；

(2)因为底数 $a=\frac{5}{6}<1$，所以指数函数 $y=\left(\frac{5}{6}\right)^x$ 在定义域 **R** 内单调递减；

(3)因为 $y=\left(\frac{2}{\pi}\right)^{-x}=\left[\left(\frac{2}{\pi}\right)^{-1}\right]^{x}=\left(\frac{\pi}{2}\right)^{x}$，底数 $a=\frac{\pi}{2}>1$，所以指数函数 $y=\left(\frac{2}{\pi}\right)^{-x}$ 在定义域 $\mathbf{R}$ 内单调递增；

(4)因为 $y=3^{\frac{x}{2}}=(3^{\frac{1}{2}})^{x}=(\sqrt{3})^{x}$，底数 $a=\sqrt{3}>1$，所以指数函数 $y=3^{\frac{x}{2}}$ 在定义域 $\mathbf{R}$ 内单调递增.

例 5　已知指数函数 $f(x)=a^{x}$ 的图像过点 $(2,\ 64)$，求 $f(-1)$，$f\left(\frac{2}{3}\right)$.

解　由于图像过点 $(2,\ 64)$，故点坐标代入函数后等式一定成立，即可得到等式 $64=a^{2}$.
解得 $a=\pm 8$，但在指数函数中的底数 $a>0$ 且 $a\neq 1$，故底数 $a=8$.
因此该指数函数解析式为 $f(x)=8^{x}$.
可得 $f(-1)=8^{-1}=\frac{1}{8}$.

$f\left(\frac{2}{3}\right)=8^{\frac{2}{3}}=(2^{3})^{\frac{2}{3}}=2^{3\times\frac{2}{3}}=2^{2}=4$.

例 6　请比较下列各式的大小关系并根据从中得出的大小关系结论，然后完成本题.
(1)$2^{4}>2^{3}$；$3^{2}<3^{3}$：底数 $a>1$ 单调递增时，指数越大，值也越大，成正比；
(2)$\left(\frac{1}{2}\right)^{4}<\left(\frac{1}{2}\right)^{3}$；$\left(\frac{1}{3}\right)^{2}>\left(\frac{1}{3}\right)^{3}$：底数 $0<a<1$ 单调递减时，指数越大，值反而越小，成反比.
根据以上规律，用符号“>”，“<”完成以下各题.
(1)0.9^{2} ______ 0.9^{5}；　(2)$1.6^{0.5}$ ______ $1.6^{0.6}$；　(3)$\left(\frac{1}{2}\right)^{-2}$ ______ $\left(\frac{1}{2}\right)^{-2.1}$；
(4)若 $a>b>0$，则 0.3^{a} ________ 0.3^{b}，4^{a} ________ 4^{b}.
解　(1)因为底数 $a=0.9<1$，单调递减时，成反比，故 $0.9^{2}>0.9^{5}$；
(2)因为底数 $a=1.6>1$，单调递增时，成正比，故 $1.6^{0.5}<1.6^{0.6}$；
(3)因为底数 $a=\frac{1}{2}<1$，单调递减时，成反比，故 $\left(\frac{1}{2}\right)^{-2}<\left(\frac{1}{2}\right)^{-2.1}$；
(或因为 $\left(\frac{1}{2}\right)^{-2}$ ________ $\left(\frac{1}{2}\right)^{-2.1}$ 可变形为 2^{2} ________ $2^{2.1}$，底数 $a=2>1$，单调递增时，成正比，故 $2^{2}<2^{2.1}$)
(4)因为 $a>b$ 时，$0.3^{a}<0.3^{b}$(反比)，$4^{a}>4^{b}$(正比).

例 7　求下列函数的定义域.
(1)$y=\sqrt{2^{x}-8}$；(2)$y=\sqrt{\left(\frac{1}{2}\right)^{x}-\frac{1}{8}}$.

解　(1)要使函数有意义，根号下被开方数 $2^{x}-8\geqslant 0$，即 $2^{x}\geqslant 2^{3}$，
由于底数 $a=2>1$，该指数函数单调递增，成正比，故 $x\geqslant 3$，
所有函数的定义域为 $[3,\ +\infty)$；
(2)要使函数有意义，根号下被开方数 $\left(\frac{1}{2}\right)^{x}-\frac{1}{8}\geqslant 0$，即 $\left(\frac{1}{2}\right)^{x}\geqslant\left(\frac{1}{2}\right)^{3}$，

由于底数 $a=\frac{1}{2}<1$，该指数函数单调递减，成反比，故 $x\leqslant 3$，

所有函数的定义域为 $(-\infty, 3]$.

知识运用

1. 判断下列指数函数在定义域内的单调性.

(1) $y=\pi^x$；(2) $y=0.001^x$；(3) $y=\left(\frac{1}{2}\right)^{-x}$.

2. 已知指数函数 $f(x)=a^x$，满足 $f(-3)=\frac{8}{27}$，求 $f(2)$.

3. 用符号“>”，“<”完成以下各题.

(1) $7^{0.5}$ ________ $7^{0.6}$；(2) $\left(\frac{1}{\pi}\right)^{-2}$ ________ $\left(\frac{1}{\pi}\right)^{-1}$.

4. 求下列函数的定义域.

(1) $y=\frac{x}{2^x-4}$；(2) $y=\sqrt{\left(\frac{1}{5}\right)^x-\frac{1}{125}}$.

习题 4.1

A 组

1. 选择题.

(1) 下列各式中正确的是(　　).

A. $4^0=4$　　B. $2^{-1}=-2$　　C. $1^0=1$　　D. $\left(\frac{1}{3}\right)^{-2}=-6$

(2) 下列各式中计算正确的是(　　).

A. $0.125^{\frac{1}{3}}=0.75$　　B. $\left(\frac{1}{4}\right)^{-1}=4$　　C. $(a^2b^3)^{\frac{1}{3}}=a^{\frac{3}{2}}b$　　D. $\sqrt{2}\cdot\sqrt{2}=4$

(3) 计算 $64^{\frac{2}{3}}+1000^0$ 的值为(　　).

A. 9　　B. 8　　C. 17　　D. 16

(4) 化简 $\frac{(2ab^2)^3}{\sqrt{4a^2b^2}}=$(　　).

A. $2ab$　　B. $4a^2b$　　C. $5b$　　D. a^2b^5

(5) 下列函数为指数函数的是(　　).

A. $y=(-1)^x$　　B. $y=-2^x$　　C. $y=\pi^x$　　D. $y=x^3$

(6) 下列函数中在 $(-\infty, +\infty)$ 上为增函数的是(　　).

A. $y=3^{-x}$　　B. $y=0.4^x$　　C. $y=5^x$　　D. $y=x^2$

(7) 若 $a>b>0$，则下列各式正确的是(　　).

A. $0.5^a>0.5^b$　　B. $4^a<4^b$　　C. $a^2>b^2$　　D. $\frac{1}{a}>\frac{1}{b}$

2. 填空题.

(1)将$\frac{1}{\sqrt[4]{a^3}}$化为分数指数幂的形式为____________；

(2)将$3^{\frac{2}{5}}$化为根式形式为____________；

(3)$2^{-1}\cdot 4^2\cdot 0.25^2=$____________；

(4)$16^{-1}\cdot 64^{\frac{3}{4}}\cdot 32^{\frac{1}{2}}=$____________.

3. 求下列函数的定义域.

(1)$y=\frac{1}{9-3^x}$；(2)$y=\sqrt{1-2^x}$.

4. 已知指数函数$f(x)=a^x$，满足条件$f(-2)=\frac{1}{4}$，求$f(x)$，$f(5)$.

B组

1. 若a，b都为正数，化简$\frac{\sqrt{\sqrt[3]{ab^2}\cdot a^3b^2}}{\sqrt[3]{b}\cdot(a^{\frac{1}{6}}b^{\frac{1}{2}})^4}$.

2. 设$5^a=2$，$25^b=9$，求5^{2a-b}的值.

4.2 对数函数

4.2.1 对数的概念

问题探索

问题1：由某种运算的结果，反过来求参与运算的量的运算，称为原来运算的**逆运算**. 例如，减法是加法的逆运算($2+x=5$，求x；有$x=5-2=3$)，除法是乘法的逆运算($5x=10$，求x；有$x=10\div 5=2$).

那指数运算的逆运算是什么呢？

问题2：2的多少次幂等于8？同学们很快就知道2的3次幂等于8，即当$2^x=8$，求x. 知道$2^3=8$，故$x=3$；那2的多少次幂等于9？你知道吗？

知识链接

在一个指数式中，知道底数和幂，为了方便求出指数，我们引进指数运算的逆运算——**对数运算**.

如果$a^b=N(a>0，a\neq 1)$，那么b叫做以a为底N的对数，记作

$$b=\log_a N. \tag{4.2.1}$$

其中a叫做对数的**底数**，N叫做对数的**真数**.

小资料：

对数的英文单词为logarithm，取前三个字母log代表对数.

例如，指数式 $2^3=8$ 可以写作逆运算对数式 $3=\log_2 8$，3 叫做以 2 为底 8 的对数，其中 2 叫做底数，8 叫做真数；那么若 $2^x=9$，则 $x=\log_2 9$，x 等于以 2 为底 9 的对数.

对数的记忆法：$\log_a N$ 的意思是，底数 a 的多少次幂等于真数 N.

小知识：$\log_2 9$ 的值可以利用计算器进行计算.

例如，$\log_2 16$ 是问 2 的多少次幂等于 16，同学们知道 2 的 4 次幂等于 16($2^4=16$)，所以 $\log_2 16=4$，那么就有 $\log_3 81=4$(因为 $3^4=81$).

$$a^b=N \Leftrightarrow b=\log_a N \tag{4.2.2}$$

由以上指数式与对数式的转化规律可知，a，b，N 三个量的取值范围是不变的

指数式 $a^b=N$	逆运算 ⟷	对数式 $b=\log_a N$
底数 a($a>0$ 且 $a\neq 1$)	⟷	底数 a($a>0$ 且 $a\neq 1$)
幂 N($N\in(0,+\infty)$)	⟷	真数 N($N\in(0,+\infty)$)
指数 b($b\in(-\infty,+\infty)$)	⟷	对数 b($b\in(-\infty,+\infty)$)

知识巩固

例 1　将下列指数式转化为对数式.

(1)$\left(\frac{1}{3}\right)^2=\frac{1}{9}$；(2)$4^{-2}=\frac{1}{16}$；(3)$27^{\frac{2}{3}}=9$.

解　(1)$a=\frac{1}{3}$，$b=2$，$N=\frac{1}{9}$，则对数式为 $2=\log_{\frac{1}{3}}\frac{1}{9}$；

(2)$a=4$，$b=-2$，$N=\frac{1}{16}$，则对数式为 $-2=\log_4\frac{1}{16}$；

(3)$a=27$，$b=\frac{2}{3}$，$N=9$，则对数式为 $\frac{2}{3}=\log_{27}9$.

例 2　将下列对数式转化为指数式.

(1)$\log_{10}1000=3$；(2)$\log_{\frac{1}{2}}\frac{1}{8}=3$；(3)$\log_2\frac{1}{8}=-3$.

解　(1)$a=10$，$b=3$，$N=1000$，则指数式为 $10^3=1000$；

(2)$a=\frac{1}{2}$，$b=3$，$N=\frac{1}{8}$，则指数式为 $\left(\frac{1}{2}\right)^3=\frac{1}{8}$；

(3)$a=2$，$b=-3$，$N=\frac{1}{8}$，则指数式为 $2^{-3}=\frac{1}{8}$.

例 3　求下列对数的值.

(1)$\log_5 5$；(2)$\log_5 1$；(3)$\log_5\frac{1}{25}$.

解　(1)$\log_5 5$ 是底数 5 的多少次幂等于真数 5($5^1=5$)，答案是 1 次幂，即 $\log_5 5=1$；

(2)$\log_5 1$ 是底数 5 的多少次幂等于真数 1($5^0=1$)，答案是 0 次幂，即 $\log_5 1=0$；

(3)$\log_5\frac{1}{25}$是底数 5 的多少次幂等于真数$\frac{1}{25}$$\left(5^{-2}=\frac{1}{25}\right)$，答案是－2 次幂，即$\log_5\frac{1}{25}=-2$.

知识运用

1. 将下列指数式转化为对数式.

(1)$5^3=125$；(2)$0.9^2=0.81$；(3)$343^{-\frac{1}{3}}=\frac{1}{7}$.

2. 将下列对数式转化为指数式.

(1)$\log_{\frac{1}{2}}4=-2$；(2)$\log_5 625=4$；(3)$\log_3 27=3$.

3. 求下列对数的值.

(1)$\log_6 6$；(2)$\log_{\frac{1}{5}}1$；(3)$\log_2 128$.

4.2.2　两大特殊的对数

知识链接

当对数$\log_a N$中的底数a等于特殊值时，可以将$\log_a N$简记为特殊形式：

当对数$\log_a N$中的底数a等于 10 时，即$\log_{10}N$，叫做**常用对数**，简记为$\lg N$；

当对数$\log_a N$中的底数a等于 e 时，即$\log_e N$，叫做**自然对数**，简记为$\ln N$.

例如，$\log_{10}6$简记为$\lg 6$，$\log_e 100$简记为$\ln 100$.

小资料：

e 是无限不循环的无理数(e＝2.71828…)，在科学研究和工程计算中被经常用到，比另一个无理数圆周率 π 小，e＜π.

知识巩固

例 4　求下列对数的值.

(1)$\lg 100$；(2)$\lg\frac{1}{10}$；(3)$\ln e$；(4)$\ln\frac{1}{e^2}$.

解　(1)$\lg 100=\log_{10}100=2$；

(2)$\lg\frac{1}{10}=\log_{10}\frac{1}{10}=-1$；

(3)$\ln e=\log_e e=1$；

(4)$\ln\frac{1}{e^2}=\log_e\frac{1}{e^2}=-2$.

知识运用

计算下列各对数的值.

(1)$\lg 1000$；(2)$\ln 1$；(3)$\lg \frac{1}{100}+\ln \frac{1}{e}$.

4.2.3　对数的运算

问题探索

$\log_2 8+\log_2 16$ 等于多少？难道答案就是简单的$\log_4 24$ 吗？

知识链接

式子$\log_2 8+\log_2 16=3+4=7=\log_2 128=\log_2(8\times 16)$，即

$$\log_2 8+\log_2 16=\log_2(8\times 16).$$

经验证，以上规律总是成立的(证明略). 当 $N>0$，$M>0$ 时：

$$\log_a N+\log_a M=\log_a(N\cdot M). \quad (4.2.3)$$

$$\log_a N-\log_a M=\log_a \frac{N}{M}. \quad (4.2.4)$$

$$\log_a N^m=m\cdot\log_a N. \quad (4.2.5)$$

$$\log_{a^n} N^m=\frac{m}{n}\cdot\log_a N. \quad (4.2.6)$$

$$\log_a N=\frac{\log_c N}{\log_c a}. \quad (4.2.7)$$

$$\log_a b=\frac{1}{\log_b a}. \quad (4.2.8)$$

注意：运算法则(4.2.3)和(4.2.4)中的底数必须一样，这样法则才成立.

知识巩固

例 5　用 $\lg x$，$\lg y$，$\lg z$ 表示下列各式.

(1)$\lg(xyz)$；(2)$\lg \frac{xy}{z}$；(3)$\lg \frac{x^2y^3}{\sqrt{z}}$.

解　(1)$\lg(xyz)=\lg x+\lg y+\lg z$；

(2)$\lg \frac{xy}{z}=\lg(xy)-\lg z=\lg x+\lg y-\lg z$；

(3)$\lg \frac{x^2y^3}{\sqrt{z}}=\lg(x^2y^3)-\lg\sqrt{z}=\lg x^2+\lg y^3-\lg z^{\frac{1}{2}}=2\lg x+3\lg y-\frac{1}{2}\lg z$.

例 6　计算下列各式.

(1)$\log_6 18+\log_6 2$；　　　　(2)$\lg 800-\lg 8$；

(3)$\lg 4+\lg 25-\lg 0.1$；　　　　(4)$\log_4 \frac{1}{2}$.

解　(1)$\log_6 18+\log_6 2=\log_6(18\times 2)=\log_6 36=2$；

(2)$\lg 800-\lg 8=\lg \frac{800}{8}=\lg 100=2$；

(3)$\lg 4+\lg 25-\lg 0.1=\lg(4\times 25)-\lg 0.1=\lg \frac{100}{0.1}=\lg 1000=3$；

(4)$\log_4 \frac{1}{2}=\log_{2^2} 2^{-1}=\frac{-1}{2}\log_2 2=-\frac{1}{2}\left(\text{或}\log_4 \frac{1}{2}=\frac{\log_2 \frac{1}{2}}{\log_2 4}=\frac{-1}{2}=-\frac{1}{2}\right)$.

知识运用

1. 用 $\lg x$，$\lg y$，$\lg z$ 表示下列各式.

(1)$\lg \sqrt[3]{x^2}$；(2)$\lg(xy^{\frac{1}{3}}z^{-\frac{1}{4}})$；(3)$\lg\left(\frac{x^2}{y^3}\right)^{\frac{1}{6}}$.

2. 计算下列各式.

(1)$\lg 8+\lg 125$；　　　　(2)$\log_{16}\frac{1}{64}$；

(3)$\ln e^2-\ln\sqrt[5]{e}$；　　　　(4)$\log_2 8+\log_2 4+\log_2 \frac{1}{2}$.

4.2.4　对数函数

知识回顾

一般地，形如 $y=a^x$ 的函数叫做指数函数，其中 x 为自变量，y 为因变量，底数 a ($a>0$ 且 $a\neq 1$)为常数．指数函数的定义域为 **R**，值域为$(0, +\infty)$.

知识链接

在指数函数中，知道底数 a 和幂 y，为了方便求出指数 x，我们引进指数函数的反函数——对数函数，即 $x=\log_a y$. 但通常情况下用 x 表示自变量，y 表示因变量，那么这个函数应为 $y=\log_a x$，一般地，形如

$$y=\log_a x \qquad (4.2.9)$$

的函数叫做**对数函数**，其中 x 为自变量，y 为因变量，底数 a($a>0$ 且 $a\neq 1$)为常数. 对数函数的**定义域**为$(0, +\infty)$，**值域**为 **R**.

	反函数	
指数函数 $y=a^x$	⟷	对数函数 $y=\log_a x$
底数 a($a>0$ 且 $a\neq 1$)	⟷	底数 a($a>0$ 且 $a\neq 1$)
定义域 **R**	╳	定义域$(0, +\infty)$
值域$(0, +\infty)$		值域 **R**

下面利用“描点法”作对数函数 $y=\log_2 x$ 和 $y=\log_{\frac{1}{2}} x$ 的图像.

对数函数的定义域为 $(0, +\infty)$，在此定义域内取 x 一些值，求出对应的函数值 y，列表(4-4).

表 4-4

x	…	$\frac{1}{4}$	$\frac{1}{2}$	1	2	4	…
$y=\log_2 x$	…	-2	-1	0	1	2	…
$y=\log_{\frac{1}{2}} x$	…	2	1	0	-1	-2	…

以表 4-4 中的 x 值与对应的值 y 为坐标，在平面直角坐标系中描出点 (x, y)，并用光滑的曲线依次联结各点，得到的图像如图 4-2.

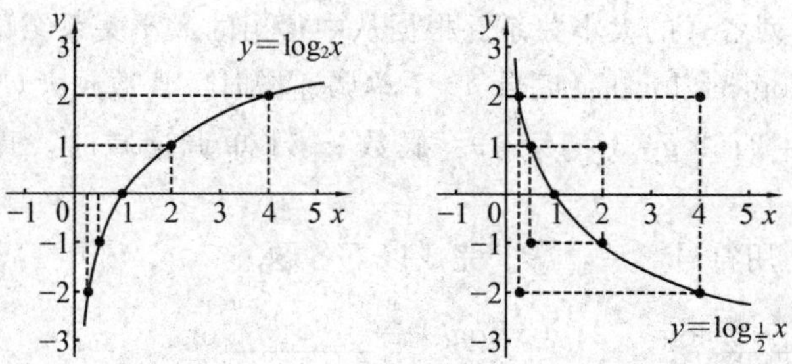

$y=\log_2 x$ 的图像　　$y=\log_{\frac{1}{2}} x$ 的图像

图 4-2

观　察

观察函数图像可以发现：

(1)函数 $y=\log_2 x$ 和 $y=\log_{\frac{1}{2}} x$ 的图像都在 y 轴的右方，向右无限伸展，向左无限接近于 y 轴；

(2)函数图像都经过点(1，0)；

(3)函数 $y=\log_2 x$ 的图像自左至右呈上升趋势；函数 $y=\log_{\frac{1}{2}} x$ 的图像自左至右呈下降趋势.

知识链接

对数函数 $y=\log_a x\,(a>0$ 且 $a\neq 1)$ 具有以下性质：

(1)指数函数的定义域为 $(0, +\infty)$，值域为 $\mathbf{R}$；

(2)指数函数 $y=\log_a x$ 中，当 $x=1$ 时，函数值 $y=\log_a 1=0$，即对数函数图像都会经过点(1，0)；

(3)当 $a>1$ 时，函数在定义域 $(0, +\infty)$ 内是单调递增函数；当 $0<a<1$ 时，函数在定义域 $(0, +\infty)$ 内是单调递减函数.

知识巩固

例 7 判断下列对数函数在定义域内的单调性.

(1)$y=\log_5 x$；(2)$y=\log_{0.5} x$.

解 (1)因底数 $a=5>1$，故对数函数 $y=\log_5 x$ 在定义域$(0, +\infty)$内单调递增；

(2)因底数 $a=0.5<1$，故对数函数 $y=\log_{0.5} x$ 在定义域$(0, +\infty)$内单调递减.

例 8 已知对数函数 $f(x)=\log_a x$ 的图像过点$(9, 2)$，求 $f(81)$，$f(\sqrt[4]{27})$.

解 由于图像过点$(9, 2)$，故点坐标代入函数后等式一定成立，即可得到等式 $2=\log_a 9$，即 $a^2=9$，解得 $a=\pm 3$，但在对数函数中的底数 $a>0$ 且 $a\neq 1$，故底数 $a=3$. 因此该对数函数的解析式为 $f(x)=\log_3 x$，

可得 $f(81)=\log_3 81=4$，$f(\sqrt[4]{27})=\log_3 \sqrt[4]{3^3}=\log_3 3^{\frac{3}{4}}=\frac{3}{4}\log_3 3=\frac{3}{4}$.

例 9 请比较下列各式的大小关系并根据从中得出的大小关系结论，然后完成本题.

$\log_2 4>\log_2 2$；$\log_3 3<\log_3 9$：底数 $a>1$ 单调递增时，真数越大，值也越大，成正比；

(2)$\log_{\frac{1}{2}} 4<\log_{\frac{1}{2}} 2$；$\log_{\frac{1}{3}} 3>\log_{\frac{1}{3}} 9$：底数 $a<1$ 单调递减时，真数越大，值反而越小，成反比.

根据以上规律，用符号“$>$”，“$<$”完成以下各题.

(1)$\log_3 0.1$ ________ $\log_3 0.2$；(2)$\log_{0.3}\frac{1}{5}$ ________ $\log_{0.3}\frac{1}{4}$；

(3)若 $a>b>0$，则 $\lg a$ ________ $\lg b$ ，$\log_{\frac{1}{11}} a$ ________ $\log_{\frac{1}{11}} b$.

解 (1)因为底数 $a=3>1$，单调递增时，成正比，故$\log_3 0.1<\log_3 0.2$；

(2)因为底数 $a=0.3<1$，单调递减时，成反比，故$\log_{0.3}\frac{1}{5}>\log_{0.3}\frac{1}{4}$；

(3)因为 $a>b>0$ 时，$\lg a>\lg b$（正比），$\log_{\frac{1}{11}} a<\log_{\frac{1}{11}} b$(反比).

例 10 求下列函数的定义域.

(1)$y=\log_2(x-1)$； (2)$y=\lg(x^2-x-6)$；

(3)$y=\log_{0.2}(x-x^2)$； (4)$y=\frac{1}{\ln x}$.

解 分析可知，由于对数函数的定义域为$(0, +\infty)$，即真数必须大于零.

(1)由真数 $x-1>0$ 解得 $x>1$，所以函数 $y=\log_2(x-1)$的定义域为$(1, +\infty)$；

(2)由真数 $x^2-x-6>0$ 解此一元二次不等式可得 $x<-2$ 或 $x>3$，所以函数$y=\lg(x^2-x-6)$的定义域为$(-\infty, -2)\cup(3, +\infty)$；

(3)由真数 $x-x^2>0$ 解此一元二次不等式可得 $0<x<1$，所以函数 $y=\log_{0.2}(x-x^2)$的定义域为$(0, 1)$；

(4)由分母 $\ln x\neq 0$ 和真数 $x>0$，即 $\begin{cases}\ln x\neq 0,\\ x>0,\end{cases}$ 解得 $\begin{cases}x\neq 1,\\ x>0,\end{cases}$ 所以函数 $y=\frac{1}{\ln x}$ 的定义域为$(0, 1)\cup(1, +\infty)$.

知识运用

1. 选择题.

(1)下列对数函数在定义域(0，∞)内为减函数的是(　　).

A. $y=\lg x$　　B. $y=\log_{\frac{1}{2}}x$　　C. $y=\ln x$　　D. $y=\log_2 x$

(2)若函数 $y=\log_a x$ 的图像经过点(2，−1)，则底数 $a=$(　　).

A. 2　　B. −2　　C. $\frac{1}{2}$　　D. $-\frac{1}{2}$

2. 用符号"＞"，"＜"完成以下各题.

(1)$\ln 0.8$ ________ $\ln 1$；(2)$\log\frac{1}{e}2$ ________ $\log\frac{1}{e}2.1$.

3. 求下列函数的定义域.

(1)$y=\log_6(2-x)$；　　(2)$y=\log_{0.5}(x^2-1)$；

(3)$y=\ln(-x^2+x+12)$；　　(4)$y=\sqrt{\lg x}$.

习题 4.2

A 组

1. 选择题.

(1)$2^4=16$ 化为对数式为(　　).

A. $\log_{16}4=2$　　B. $\log_2 4=16$　　C. $\log_{16}2=4$　　D. $\log_2 16=4$

(2)下列等式正确的是(　　).

A. $\log_2 14=3$　　B. $\log_2 2=1$　　C. $\lg 100=0$　　D. $\log_4 1=4$

(3)$2\log_4 16=$(　　).

A. 2　　B. 4　　C. 6　　D. 8

(4)$\log_2 8+\log_2 4+\log_2\frac{1}{2}$(　　).

A. 1　　B. 2　　C. 3　　D. 4

(5)若 $\log_4 a=3$，则 a 的值为(　　).

A. 64　　B. 15　　C. 12　　D. 8

(6)函数 $y=\log_4(x+2)$的定义域为(　　).

A. $(-2,+\infty)$　　B. $(-\infty,-2)$　　C. $(0,+\infty)$　　D. $(-\infty,0)$

(7)下列函数在(0，+∞)为增函数的是(　　).

A. $y=5^{-x}$　　B. $\log_3 x$　　C. $y=x^4$　　D. $y=\log_{0.1}x$

(8)设 $a>b>0$，则下列各式成立的是(　　).

A. $\log_a 4>\log_a 5$　　B. $\log_2 a<\log_2 b$　　C. $\lg a>\lg b$　　D. $\frac{1}{a}>\frac{1}{b}$

2. 填空题.

(1)将指数式 $3^{-2}=\frac{1}{9}$写为对数式__________；

(2)对数函数 $f(x)=\log_2 x$，则 $f(8)-f(\sqrt{2})=$__________.

3. 设对数函数 $f(x)=\log_a x$，且经过点(9，2)，求 $f(x)$，$f(81)$的值.

B 组

1. 解不等式 $\log_3(4x+1)>\log_3(2x-3)$.

2. 求下列函数的定义域.

(1)$y=\dfrac{1}{1-\log_2 x}$；　　(2)$y=\sqrt{\lg x-2}$.

本章小结

一、本章知识结构

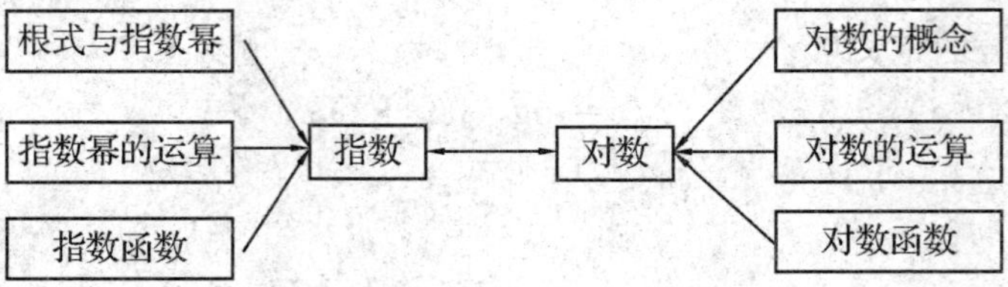

二、回顾与思考

1. 本章学习两种重要函数——指数函数和对数函数

(1)掌握有理指数幂的运算性质，掌握形如 $y=a^x$ 的指数函数的概念、图像和性质.

(2)理解对数的概念，掌握对数的运算性质．掌握形如 $y=\log_a x$ 的对数函数的概念、图像和性质.

2. 指数与对数的关系是学习本章的贯穿线

3. 指数与对数在科学研究中有重要作用

复习题 4

A 组

1. 选择题.

(1)下列运算中，正确的是(　　).

A. $2^{\frac{3}{4}}\cdot 2^{\frac{4}{3}}=2$　　B. $2^{\frac{3}{4}}\div 2^{\frac{4}{3}}=2$　　C. $(2^{\frac{3}{4}})^{\frac{4}{3}}=2$　　D. $2^{-\frac{3}{4}}\cdot 2^{\frac{4}{3}}=0$

(2)设 $x>0$，$y>0$，下列各式中正确的是(　　).

A. $\ln(x+y)=\ln x+\ln y$　　B. $\ln(xy)=\ln x\ln y$

C. $\ln(xy)=\ln x+\ln y$　　D. $\ln\dfrac{x}{y}=\dfrac{\ln x}{\ln y}$

(3)已知 $a>0$ 且 $a\neq1$，下列式子中，错误的是(　　).

A. $\sqrt[3]{a^2}=a^{\frac{3}{2}}$　　B. $\log_a a^2=2$　　C. $a^{-\frac{3}{5}}=\dfrac{1}{\sqrt[5]{a^3}}$　　D. $a^{x-y}=\dfrac{1}{a^{y-x}}$

(4)下列函数中，指数函数的是(　　).

A. $y=x^{\frac{3}{2}}$　　B. $y=\log_3 x$　　C. $y=2^x$　　D. $y=x^2$

(5)下列各指数函数中，在区间$(-\infty, +\infty)$内为减函数的是(　　).

A. $y=3^x$　　B. $y=\left(\frac{\pi}{4}\right)^x$　　C. $y=10^x$　　D. $y=5^x$

(6)下列各函数中，在区间$(0, +\infty)$内为增函数的是(　　).

A. $y=x^{-2}$　　B. $y=\log_2 x$　　C. $y=2^{-x}$　　D. $y=\left(\frac{2}{3}\right)^x$

(7)设 $m>0$ 且 $m\neq1$，如果 $\log_m 81=2$，那么 $\log_m 3=$(　　).

A. $\frac{1}{2}$　　B. $-\frac{1}{2}$　　C. $\frac{1}{3}$　　D. $-\frac{1}{3}$

(8)函数 $f(x)=\log_3(3x-x^2)$的定义域是(　　).

A. $(-\infty, 0)\cup(3, +\infty)$　　B. $(-\infty, -3)\cup(0, +\infty)$

C. $(0, 3)$　　D. $(-3, 0)$

(9)$\log_4 8+\log_4 2-\left(\frac{1}{4}\right)^0=$(　　).

A. 3　　B. 2　　C. 1　　D. 0

(10)$y=2^x$ 的图像过点(　　).

A. $\left(-3, \frac{1}{8}\right)$　　B. $\left(-3, \frac{1}{6}\right)$　　C. $(-3, -8)$　　D. $(-3, -6)$

(11)下列函数中，函数值恒大于零的是(　　).

A. $y=x^2$　　B. $y=2^x$　　C. $y=\log_2 x$　　D. $y=3x+1$

(12)设 $a>b>1$，则(　　).

A. $0.3^a>0.3^b$　　B. $3^a<3^b$　　C. $\log_3 a<\log_3 b$　　D. $\log_3 a>\log_3 b$

2. 填空题.

(1)$4^{-1}\times(2-\sqrt{3})^0+9^{\frac{1}{2}}\times2^{-2}+\left(\frac{1}{2}\right)^{-\frac{1}{2}}-\sqrt{3}=$__________；

(2)已知 $3^x=5$，则 $x=$__________；

(3)$27^{\frac{2}{3}}-\log_2 8=$__________；

(4)设函数 $f(x)=2^x+\log_4 x$，则 $f(2)=$__________；

(5)若$\left(\frac{1}{a}\right)^m=5$，则 $a^{-2m}=$__________.

3. 设指数函数 $f(x)=a^x$ 经过点(2，0)，求 $f(-2)$.

4. 求下列函数的定义域.

(1)$y=\ln(-x^2+x)$；　　(2)$y=\sqrt{\lg x-2}$；

(3)$y=\lg x-\sqrt{3-x}$；　　(4)$y=\sqrt{3^x-27}$.

B 组

求下列函数的定义域.

(1)$y=\sqrt{\left(\frac{1}{3}\right)^x-\frac{1}{9}}$；　　(2)$y=\frac{x^2}{x-2}-\sqrt{3-x}+\lg(x^2-1)$.

阅读欣赏

对数产生于 17 世纪初，为了适应航海事业的发展，需要确定航程和船舶的位置，为了适应天文事业的发展，需要处理观测行星运动的数据，就是为了解决很多位数的数字繁杂的计算而产生了对数．恩格斯曾把对数的发明与解析几何学的产生、微积分学的创始并称为 17 世纪数学的三大成就，给予了很高的评价．今天随着计算器的普及和电子计算机的广泛使用以及航天航海技术的不断进步，利用对数进行大数的计算功能的历史使命已基本完成，已被新的运算工具所取代．

对数的创始人是苏格兰数学家纳皮尔(Napier，1550—1617)．他发明了供天文计算做参考的对数，并于 1614 年在爱丁堡出版了《奇妙的对数定律说明书》，公布了他的发明．

有趣的是，历史不走寻常路，对数的发明居然早于指数！这就相当于先发明减法符号，再发明加法符号．1614 年，纳皮尔发明了对数和对数表．1637 年，法国数学家笛卡儿发明了指数，比对数晚了 20 多年．1770 年，欧拉才第一个指出："对数源于指数．"这时对数和指数已经发明一百多年了．

有人认为对数不太可能先于指数出现，因为这就像除法先于乘法出现一样，是违反常识的，但对数确实先于指数被发明．微积分横空出世以后，很多之前悬而未决的数学问题都迎刃而解，包括被伽利略错解为圆弧的经典曲线悬链线，约翰·伯努利向率先掌握微积分的欧洲数学家们发出了解决悬链线问题的挑战，有四个人得出了正确答案：牛顿、莱布尼茨、洛必达和雅科布·伯努利．值得注意的是莱布尼茨没有使用简洁明了的指数表达式，而用了非常复杂的图形和对数方程．这是因为当时指数函数根本还没出现．1913 年发表于美国数学月刊的《对数与指数概念的历史》中明确记载："对数的发明先于现代指数．"

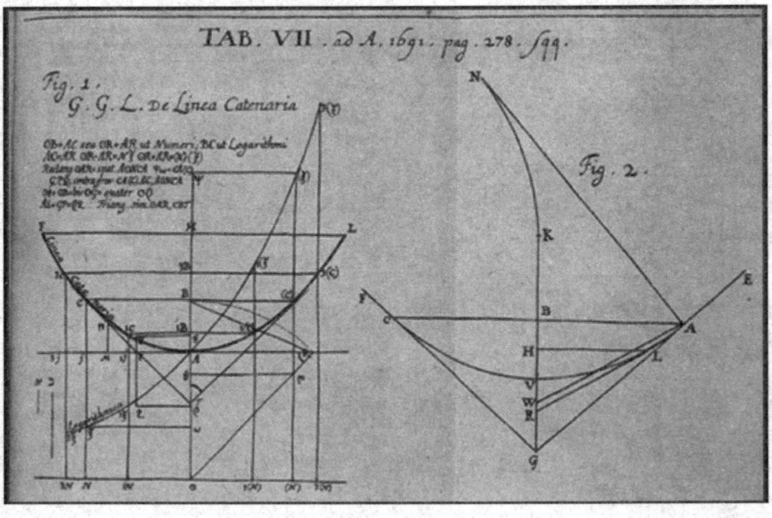

莱布尼茨的解

现代指数的概念是于 1637 年由笛卡儿引入的，他给乘方数设计了专门的记号系统，即指数函数．而纳皮尔早在 1614 年就发明了对数，他还以一己之力编写了历史上第一张对数表．为了纪念他发明对数的伟大功绩，苏格兰爱丁堡还有一所以他的名字命名的纳皮尔大学(中文名叫龙比亚大学)．

那么对数为什么会先于指数被发明呢？原因可能是比起指数，对数实在是太实用了．当时的欧洲，随着天文学和航海的发展，人们处理的数字越来越大，计算越来越复杂，社会上有很强的简化计算的需求，作为计算工具而被发明的对数，不过是应运而生而已．

对数独一无二的霸气功能：化乘除为加减，化乘方开方为乘除，将高级运算降为次级运算．

对数运算的降级

	Formula	Example
Product	$\log_b(xy)=\log_b(x)+\log_b(y)$	$\log_3(243)=\log_3(9\times27)=\log_3(9)+\log_3(27)=2+3=5$
Qeotient	$\log_b\left(\frac{x}{y}\right)=\log_b(x)-\log_b(y)$	$\log_2(16)=\log_2\left(\frac{64}{4}\right)=\log_2(64)-\log_2(4)=6-2=4$
Power	$\log_b(x^p)=p\log_b(x)$	$\log_2(64)=\log_2(2^6)=6\log_2(2)=6$
Root	$\log_b\sqrt[p]{x}=\frac{\log_b(x)}{p}$	$\log_{10}\sqrt{1000}=\frac{1}{2}\log_{10}1000=\frac{3}{2}=1.5$

当时有一种说法：对数的发明让天文学家的寿命增加了一倍．

只要手里有一张对数表，就可以以极快的速度进行各种运算．后来对数计算尺的出现，更进一步优化了计算效率．曾几何时，工程师们视数尺为传家宝，在自己儿女上大学的时候是要郑重其事地传给他们的．就像现在的一些工程师会把相伴自己一生的科学计算器送给子女一样．对数，其实就是信息时代来临之前的计算器，它的实用性和重要性不言而喻．在很长一段时间里指数的实际应用需求小于对数，所以它的出现晚于对数也就可以理解了．

第 5 章 三角函数

一年四季的轮回、昼夜的变化、大海的潮汐现象、声波的震动……大量的周期现象，伴随着人类的生存而不断持续中，自然界的周期现象是普遍存在的．三角函数是研究周期现象的重要工具．本章将在锐角三角函数的基础上，对角的概念进行推广，并研究同角三角函数的基本关系式和恒等变形及其运用．

5.1 角的概念推广

5.1.1　任意角的概念

思　考

1. 钟表的时间慢了 10 分钟，应该怎样调整；如果快了 10 分钟，又应该怎样调整呢？当时间调整好之后，分针转了多少度？

2. 赛车的前进过程中，车轮在绕车轴周而复始的旋转很多转，车轮旋转的度数为多少？

通过以上两个案例，我们发现以前研究的 $0°\sim360°$范围内的角已经不能满足实际生活的需要，有必要对角的概念进行推广.

知识链接

如图 5-1 所示，一条射线的顶点 O，沿起始位置 OA 逆时针(或顺时针)旋转至 OB 所形成的图形叫做**角**，记作 α，OA 为 α 的**始边**，OB 为 α 的**终边**. 在数学上，我们规定，按逆时针旋转所形成的是正角(图 5-2)，它等于 $225°$，按顺时针旋转所旋转形成的角是**负角**(图 5-3)，它等于$-240°$. 射线没做任何旋转所形成的角叫做**零角**，记作$\alpha=0°$.

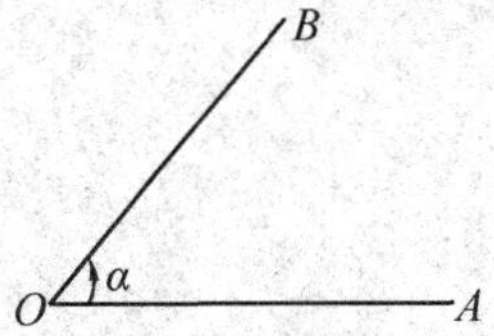

图 5-1

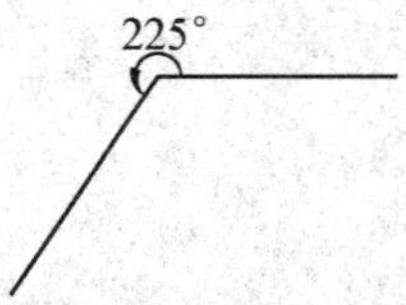

图 5-2

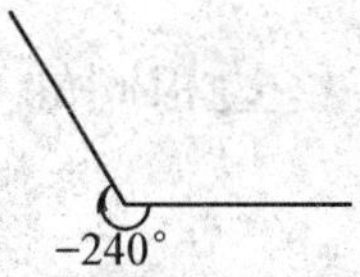

图 5-3

角的概念推广后，我们知道可以有任意大小的正角、负角或零角.

为了研究方便，我们通常将角放在坐标系中进行研究. 将角的顶点与原点重合，始边与 x 正半轴重合，终边在哪个象限，就叫第几象限角.

如图 5-4 所示，$45°$，$-315°$，为第一象限角，$150°$为第二象限角，$-150°$为第三象限角. $330°$，$-30°$都为第四象限角.

如果角的终边在坐标轴上，则角不属于任何一个象限，这样的角叫做**界限角**. 例如，$0°$，$90°$，$180°$，$270°$，$360°$，$-90°$，$-180°$，$-270°$均为界限角.

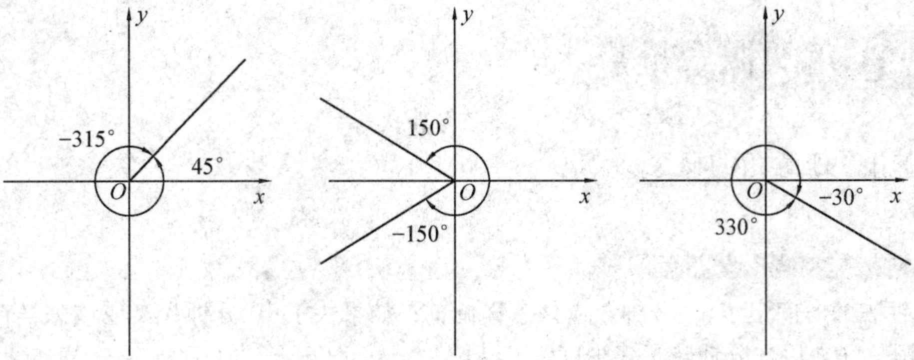

图 5-4

知识运用

1. 分别指出下列各角在第几象限，哪些角为界限角.

(1)60°；(2)－150°；(3)720°；(4)415°；(5)－30°；(6)－390°；(7)270°.

2. 判断下列说法的正误.

(1)锐角一定是在第一象限；

(2)第二象限的角一定是钝角；

(3)第一象限的角一定是正角；

(4)小于 90°的角一定是锐角；

(5)终边在 x 负半轴的角一定是平角.

5.1.2 终边相同的角

思 考

将两条线段中的一条固定在 OA 的位置，将另一条先转动到 OB 的位置(图 5-5)，然后再按照顺时针方向或逆时针方向转动，观察线段重复转到 OB 的位置时所成角的特征.

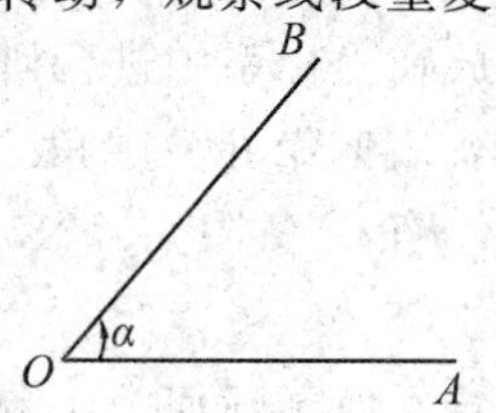

图 5-5

知识链接

从图 5-6 可以看出，－315°，405°角的终边都与 45°角的终边相同.

－315°与 405°可以分别表示成：

$$405°=45°+1\times360°,$$

$$-315°=45°+(-1)\times 360°.$$

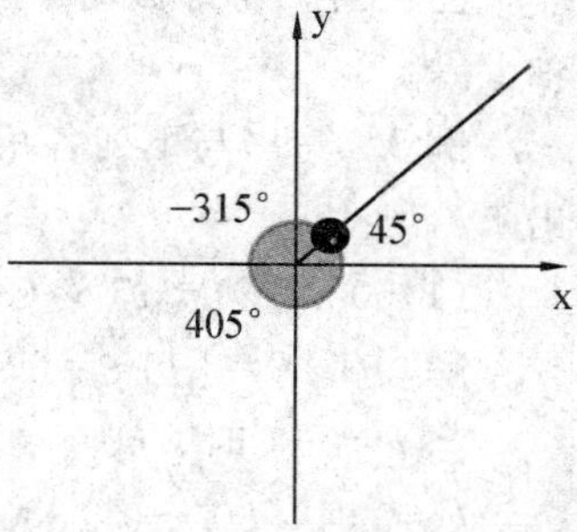

图 5-6

即 $-315°$，$405°$ 都可以表示成 $45°$ 与 $360°$ 的整数倍的和，它们是角的始边绕坐标原点旋转到 $45°$ 的终边后，分别按顺时针和逆时针再旋转一周所形成的角，显然这三个角的终边相同，叫做**终边相同的角**，即与 $45°$ 终边相同的角还有：

$765°=45°+2\times 360°$，$1125°=45°+3\times 360°$，

$-675°=45°+(-2)\times 360°$，$-1035°=45°+(-3)\times 360°$，

……

所有与 $45°$ 终边相同的角都可以表示成 $45°$ 与 $360°$ 的整数倍的和，即写成 $45°+k\times 360°(k\in \mathbf{Z})$ 的形式，因此，可设与 $45°$ 终边相同的角的集合为 $S=\{\beta|\beta=45°+k\cdot 360°, k\in \mathbf{Z}\}$，则 $-1035°$，$-675°$，$-315°$，$405°$，$765°$，$1125°$ 都是 S 的元素，$45°$ 也是 S 的元素，反过来 S 的任一元素都与 $45°$ 终边相同．

一般地，我们认为：

与角 α 终边相同的角（包括 α 在内）都可以构成一个集合

$$S=\{\beta \mid \beta=\alpha+k\cdot 360°, k\in \mathbf{Z}\}. \tag{5.1.1}$$

即任一与角 α 终边相同的角，都可以表示成 α 与 $360°$ 的整数倍的和．

知识巩固

例 1　在 $0°$ 到 $360°$ 范围内，找出与下列各角终边相同的角，并判定它是第几象限角．

(1) $-135°$；(2) $750°$；(3) $-570°$．

解　(1) $-135°=225°+(-1)\times 360°$，

所以 $-135°$ 是与 $225°$ 终边相同的角，它是第三象限角；

(2) $750°=30°+2\times 360°$，

所以 $750°$ 是与 $30°$ 终边相同的角，它是第一象限角；

(3) $-570°=150°+(-2)\times 360°$，

所以 $-570°$ 是与 $150°$ 终边相同的角，它是第二象限角．

例 2　写出终边在 x 轴上的角的集合．

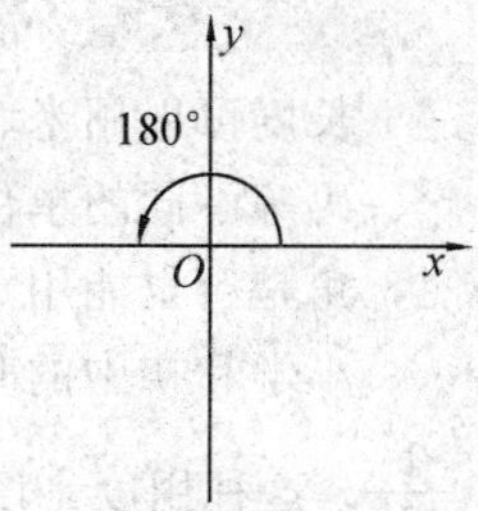

图 5-7

解　如图 5-7 所示，在 $0°$ 到 $360°$ 范围内，终边在 x 非负半轴的角为 $0°$，终边在 x 非正半轴的角为 $180°$，因此终边在 x 非负半轴、非正半轴上的角分别为

$$0°+k\cdot 360°=2k\cdot 180°。\tag{1}$$

$$180°+k\cdot 360°=(2k+1)\cdot 180°. \quad (\text{其中 } k\in \mathbf{Z}) \tag{2}$$

可将上面两式合并在一起，(1)式等号右边是 $180°$ 的偶数倍，(2)式等号右边是 $180°$ 的奇数倍，奇数偶数合并在一起正好是整数，可以将它们合并为 $180°$ 的整数倍．所以终边在 x 轴上的角的集合是：$S=\{\beta \mid \beta=n\cdot 180°, n\in \mathbf{Z}\}$．

注：当 n 为奇数时，角的终边在非正半轴上，当 n 为偶数时，角的终边在非负半轴上．

例 3 写出与下列各角终边相同的角的集合 S，并把 S 中 $-360°\leqslant\beta\leqslant720°$ 的角 β 都写出来．

(1)60°；(2)−15°；(3)405°．

解 (1)$S=\{\beta\mid\beta=60°+k\cdot360°,\ k\in\mathbf{Z}\}$，$S$ 中适合 $-360°\leqslant\beta\leqslant720°$ 的角是

当 $k=-1$ 时，$60°+(-1)\times360°=-300°$；

$k=0$ 时，$60°+0\times360°=60°$；

$k=1$ 时，$60°+1\times360°=420°$．

(2)$S=\{\beta\mid\beta=-15°+k\cdot360°,\ k\in\mathbf{Z}\}$，$S$ 中适合 $-360°\leqslant\beta\leqslant720°$ 的角是

当 $k=0$ 时，$-15°+0\times360°=-15°$；

$k=1$ 时，$-15°+1\times360°=345°$；

$k=2$ 时，$-15°+2\times360°=705°$．

(3)$S=\{\beta\mid\beta=405°+k\cdot360°,\ k\in\mathbf{Z}\}$，$S$ 中适合 $-360°\leqslant\beta\leqslant720°$ 的角是

当 $k=-1$ 时，$405°+(-1)\times360°=45°$；

$k=0$ 时，$405°+0\times360°=405°$．

知识运用

1. 在 0°到 360°范围内，找出与下列各角终边相同的角，并判定它是第几象限角．

(1)−120°；(2)1563°；(3)−315°；(4)−5410°．

2. 写出与下列各角终边相同的角的集合 S，并把 S 中 $-360°\leqslant\beta\leqslant720°$ 的角 β 都写出来．

(1)30°；(2)−65°；(3)1330°．

3. 写出终边在 y 轴上的角的集合．

5.1.3 弧度制

思 考

长度可以用米、尺、码等不同的单位制来度量．重量可以用千克、斤、码等不同的单位制来度量．不同的度量方式能给解决问题带来方便，角是否也能用不同的度量方式来表示呢？

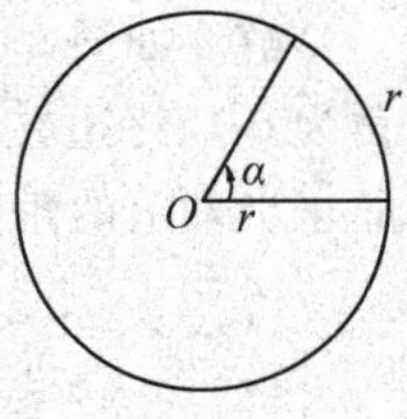

图 5-8

小学和初中的时候我们用度来度量角的大小，1 度的角等于周角的 $\frac{1}{360}$．这种用度来度量角的单位制叫做**角度制**(degree measure)．为了使用方便，数学上还采用另外一种度量角的方式——**弧度制**(radian measure)．

把长度等于半径长的弧所对的圆心角叫做 1 **弧度(radian)的角**．用符号 rad 来表示，读作**弧度**.

图 5-8 可以证明，一定大小的圆心角 α 所对应的弧长和半径的比值是唯一确定的，与半径大小无关.

探究：如图 5-9 所示，半径为 r 的圆的圆心与原点重合，角 α 的始边与 x 轴的正半轴重合，交圆于点 A，终边与圆交于点 B，请在下列表格(如表 5-1)中填空，并思考：如果一个半径为 r 的圆的圆心角 α 所对的弧长为 l，那么 α 的弧度角是多少？既然角度制和弧度制都是角的度量制，那么它们之间如何换算？

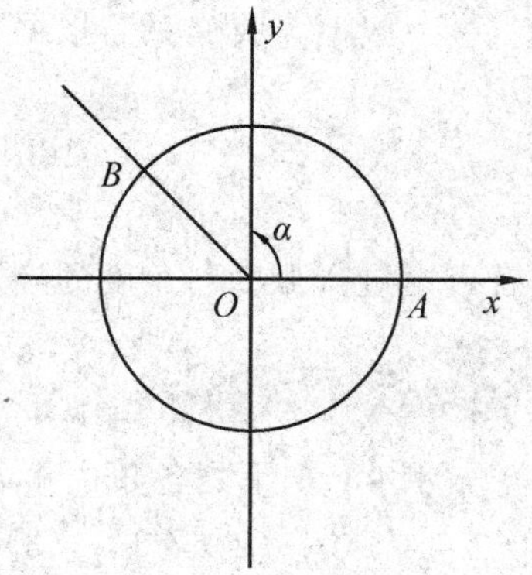

图 5-9

表 5-1

弧 AB 的长	OB 旋转的方向	$\angle AOB$ 的弧度数	$\angle AOB$ 的度数
πr	逆时针旋转		
$2\pi r$	逆时针旋转		
r		1	
$2r$		-2	
		$-\pi$	
		0	
			180°
			360°

知识链接

一般地，正角的弧度值是一个正数，负角的弧度值是负数，零角的弧度数是 0，如果半径为 r 的圆，圆心角为 α，所对应的弧长为 l，那么角 α 的**弧度数**的绝对值为

$$|\boldsymbol{\alpha}|=\frac{\boldsymbol{l}}{\boldsymbol{r}}. \tag{5.1.2}$$

这里 α 的正负由角 α 的终边的旋转方向决定.

用角度制和弧度制来度量零角，单位不同，但度量数相同都是 0，用角度制和弧度值来度量任何一个非零角，单位不同，度量数也不同，因为周角的弧度值是 2π，二角度制下的度数为 360°，所以

$$360^\circ=2\pi(\text{rad});$$

$$180^\circ=\pi(\text{rad});$$

$$1^\circ=\frac{\pi}{180}\text{rad}\approx0.01745\text{ rad}.$$

反过来

$$1\text{ rad}=\left(\frac{180}{\pi}\right)^\circ\approx57.30^\circ=57^\circ18'.$$

一般地，我们只需根据

$$180°=\pi\ \text{rad}-\begin{cases}1°=\dfrac{\pi}{180}\text{rad}\approx 0.01745\ \text{rad}\\ 1\ \text{rad}\approx 57.30°=57°18'\end{cases}\qquad(5.1.3)$$

就可以进行弧度与角度的换算了.

知识巩固

例 4 把下列各角由角度转化为弧度.

(1)10°；(2)67°30；(3)－135°.

解 (1)$10°=\left(\dfrac{\pi}{180}\right)\text{rad}\times 10=\dfrac{\pi}{18}\text{rad}$；

(2)$67°30'=67.5°=\left(\dfrac{135}{2}\right)°$；

$\therefore 67°30'=67.5°=\left(\dfrac{135}{2}\right)°=\left(\dfrac{\pi}{180}\right)\times\left(\dfrac{135}{2}\right)=\dfrac{3}{8}\text{rad}$.

例 5 将下列弧度换算成角度(用度数表示，精确到 0.001).

(1)$\dfrac{\pi}{6}$；(2)$-\dfrac{4\pi}{5}$；(3)3.14 rad.

解 (1)$\dfrac{\pi}{6}=\dfrac{\pi}{6}\times\left(\dfrac{180}{\pi}\right)=30°$；

(2)$-\dfrac{4\pi}{5}=-\dfrac{4\pi}{5}\times\left(\dfrac{180}{\pi}\right)°=-144°$；

(3)$3.14\ \text{rad}=3.14\times\left(\dfrac{180}{\pi}\right)°=179.909°$.

注：今后用弧度制表示角时，“弧度”二字或“rad”通常略去不写，而只写该角对应的弧度数. 例如，角 $\alpha=2$ 就表示 α 是 2 rad 的角，$\sin\dfrac{\pi}{3}$ 就是 $\dfrac{\pi}{3}$ rad 的角的正弦，即 $\sin\dfrac{\pi}{3}=60°=\dfrac{\sqrt{3}}{2}$.

填写下列特殊角的度数和弧度数的对应表(表 5-2).

表 5-2

度	0°	30°	45°			120°	135°	150°			360°
弧度				$\dfrac{\pi}{3}$	$\dfrac{\pi}{2}$				π	$\dfrac{3\pi}{2}$	

注：角的概念推广后，在弧度制下，角的集合与实数集 **R** 之间建立起一一对应的关系：每一个角都有唯一的一个实数与它对应；反过来，每一个实数都有唯一的一个角与它对应，即弧度数等于这个实数的角.

例 6　利用弧度制证明下列关于扇形的公式.

(1)$l=\alpha R$；(2)$S=\frac{1}{2}\alpha R$；(3)$S=\frac{1}{2}lR$.

其中 R 是半径，l 是弧长，$\alpha(0<\alpha<180°)$为圆心角，S 是扇形的面积.

证明　(1)由公式 $\alpha=\frac{l}{R}$可得

$$l=\alpha R.$$

下面证明(2)(3)，由于半径为 R，圆心角为 α 的扇形的弧长公式和面积公式分别是：

$l=\frac{\alpha\pi R}{180}$，$S=\frac{\alpha\pi R^2}{360}$，

$S=\frac{1}{2}\alpha R$，$S=\frac{1}{2}lR$.

小知识：欧拉是明确提出弧度制思想的科学家，1748 年，在他的一部划时代著作《无穷小分析概论》中，提出把圆的半径作为弧长的度量单位，使一个圆周角等于 2π 弧度，1 弧度等于周角的$\frac{1}{2\pi}$，这一思想将线段与弧的度量统一.

知识运用

1. 将下列角度转化为弧度.

(1)15°；(2)22°30′；(3)420°；(4)−135°.

2. 将下列弧度转化为角度.

(1)$\frac{2\pi}{3}$；(2)$-\frac{2\pi}{5}$；(3)$\frac{7\pi}{4}$.

3. 用弧度表示.

(1)终边在 x 轴上的角的集合；

(2)终边在 y 轴上的角的集合.

4. 弧长为 6 cm 所对的圆心角为 4 rad，求半径的长度.

5. 已知 150°的圆心角所对的圆弧长为 50 cm，求圆的半径(精确到 0.1 cm).

习题 5.1

A 组

1. 选择题.

(1)与 315°角终边相同的角为(　　).

A. −31°　　B. 405°　　C. −405°　　D. −30°

(2)第三象限的角的集合可以表示为(　　).

A. $\{\alpha|180°<\alpha<270°\}$

B. $\{\alpha|90°<\alpha<180°\}$

C. $\{\alpha|k\cdot360°+180°<\alpha<k\cdot360°+270°,\ k\in\mathbf{Z}\}$

D. $\{\alpha|90°+k\cdot360°<\alpha<180°+k\cdot360°,\ k\in\mathbf{Z}\}$

2. 填空题.

(1)所有与角 α 终边相同的角组成一个集合，这个集合为________.

(2)$k \cdot 360° - 45°(k \in \mathbf{Z})$所表示的角是第________象限的角.

(3)弧长为 6，半径为 4 所对的圆心角为________.

(4)已知 100°的圆心角所对的圆弧长为 40 cm，圆的半径为________.

3. 写出与下列各角终边相同的角的集合，并把 0°～360°范围内的角写出来.

(1)415°；　　　　　　　　　　(2)−150°.

4. 把下列各角度转换为弧度.

(1)−160°；　　　　　　　　　　(2)635°.

5. 将下列各弧度转换为角度.

(1)$\frac{3\pi}{8}$；　　　　　　　　　　(2)1.5.

6. 已知某一段公路的弯道半径为 15 m，转过的圆心角为 135°，求该弯道的长度.

B 组

1. 设 α 为第一象限角，指出$\frac{\alpha}{3}$是第几象限角.

2. 赛车的车轮直径为 0.5 m，每分钟按逆时针旋转 200 转，求：

(1)车轮每分钟转过的弧度数.

(2)车轮上一点每秒经过的弧长.

5.2 任意角的正弦函数、余弦函数、正切函数

5.2.1 任意角的正弦函数、余弦函数、正切函数的概念

思　考

初中时我们学习了锐角三角函数，它们是在直角三角函数中定义的，如图 5-10 所示，在 Rt△ABC 中，定义

$$\sin\alpha=\frac{BC}{AB}=\frac{\text{角}\,\alpha\,\text{的对边}}{\triangle ABC\,\text{的斜边}}；\cos\alpha=\frac{AC}{AB}=\frac{\text{角}\,\alpha\,\text{的邻边}}{\triangle ABC\,\text{的斜边}}；$$

$$\tan\alpha=\frac{BC}{AC}=\frac{\text{角}\,\alpha\,\text{的对边}}{\text{角}\,\alpha\,\text{的邻边}}.$$

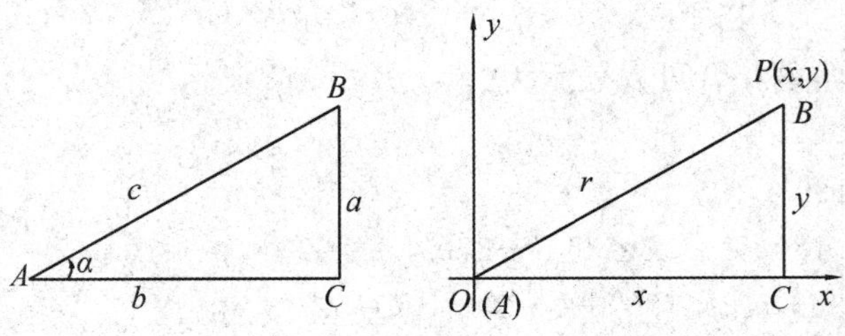

图 5-10

将△ABC放在平面直角坐标系中，使得点 A 与坐标原点重合，AC 边在 x 的正半轴上(图 5-10(2))．设点 P(顶点 B)的坐标为(x, y)，r 为角 α 终边上的点 P 到坐标原点的距离，则 $r=\sqrt{x^2+y^2}$，于是上面的三角函数定义可以写作

$$\sin\alpha=\frac{y}{r};\ \cos\alpha=\frac{x}{r};\ \tan\alpha=\frac{y}{x}.$$

知识链接

一般地，设 α 是平面直角坐标系中一个任意角，点 $P(x, y)$ 为角 α 终边上的任意一点，点 P 到原点的距离为$r=\sqrt{x^2+y^2}>0$ (图 5-11)，那么角 α 的**正弦**、**余弦**、**正切值**分别为

$$\sin\alpha=\frac{y}{r};\ \cos\alpha=\frac{x}{r};\ \tan\alpha=\frac{y}{x}. \qquad (5.2.1)$$

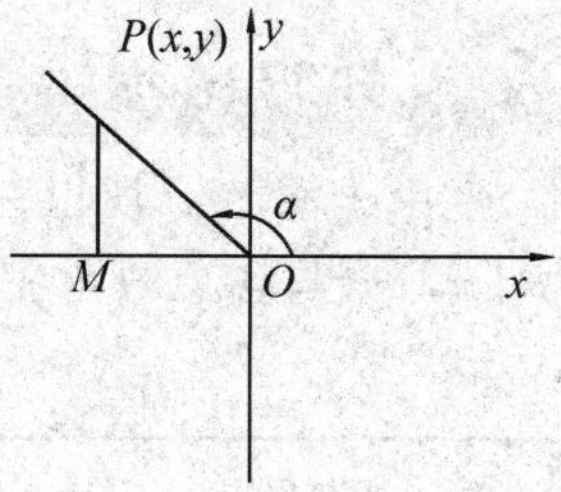

图 5-11

对每一个确定的 α 的值，都有唯一确定的正弦、余弦、正切值与之对应．因此，正弦、余弦、正切都是以 α 为变量的函数，分别叫做**正弦函数**、**余弦函数**和**正切函数**，它们都叫做**三角函数**．如表 5-3.

表 5-3

三角函数	定义域
$\sin\alpha$	$\mathbf{R}$
$\cos\alpha$	$\mathbf{R}$
$\tan\alpha$	$\left\{\alpha \middle\| \alpha\neq\frac{\pi}{2}+k\pi,\ k\in\mathbf{Z}\right\}$

注：在弧度制下，α 的度量值是一个实数，因此，三角函数是以实数为自变量的函数.

知识巩固

例 1　已知角 α 的终边经过点 $P(3, 4)$(图 5-12)，求角 α 的正弦、余弦、正切值．

解　$\because x=3$，$y=4$，

$\therefore r=\sqrt{x^2+y^2}=\sqrt{3^2+4^2}=5$，

$\sin\alpha=\frac{y}{r}=\frac{4}{5}$，$\cos\alpha=\frac{x}{r}=\frac{3}{5}$，$\tan\alpha=\frac{y}{x}=\frac{4}{3}$.

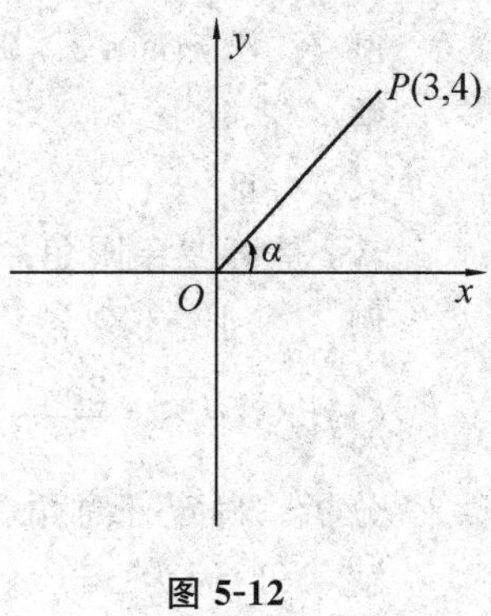

图 5-12

知识运用

已知角 α 的终边上的点 P 的坐标如下，分别求出角 α 的正弦、余弦、正切值.

(1)$P(-2, 3)$；(2)$P(3, -4)$；(3)$P(-5, -12)$；(4)$P\left(-\frac{1}{2}, \frac{\sqrt{3}}{2}\right)$.

5.2.2 各象限角的三角函数值的正负号

知识链接

由于 $r>0$，所以三角函数值的正负号由终边上的点 P 的坐标来确定，将点 P 的坐标 $P(x, y)$ 与各象限角三角函数值的正负号进行列表(如表 5-4).

表 5-4

角 α 所在象限	x	y	$\sin\alpha=\frac{y}{r}$	$\cos\alpha=\frac{x}{r}$	$\tan\alpha=\frac{y}{x}$
第一象限	+	+	+	+	+
第二象限	−	+	+	−	−
第三象限	−	−	−	−	+
第四象限	+	−	−	+	−

为了方便记忆，我们将 $\sin\alpha$，$\cos\alpha$，$\tan\alpha$ 的正负号标在各象限内，如图 5-13 所示.

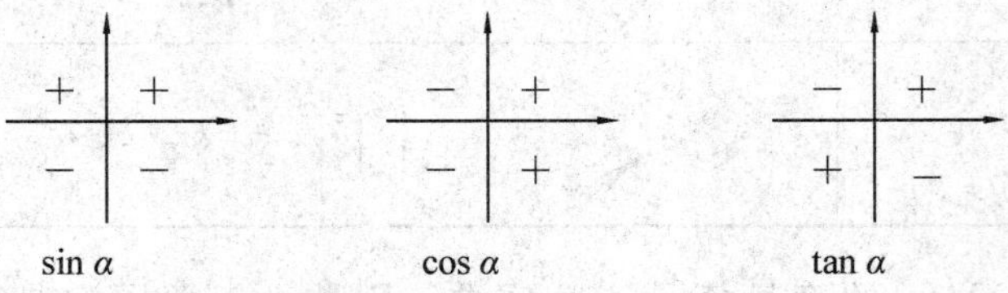

图 5-13

知识巩固

例 2 已知 $\sin\alpha>0$，$\tan\alpha<0$，确定 α 是第几象限角.

解 $\because \sin\alpha>0$，$\therefore \alpha$ 在第一或者第二象限.

又 $\because \tan\alpha<0$，$\therefore \alpha$ 第二或者第四象限.

$\therefore \alpha$ 是第二象限角.

例 3 判定下列各角的正负号.

(1)$555°$；(2)$\frac{25\pi}{4}$.

分析 确定任意角的三角函数值的正负号时，首先要确定角所在的象限.

解 (1)因为 $555°=195°+1\times360°$，所以 $555°$为第三象限角，

故 $\sin 555°<0$，$\cos 555°<0$，$\tan 555°>0$.

(2)因为$\frac{25\pi}{4}=\frac{\pi}{4}+3\times 2\pi$，所以$\frac{25\pi}{4}$为第一象限角，故 $\sin\frac{25\pi}{4}>0$，$\cos\frac{25\pi}{4}>0$，$\tan\frac{25\pi}{4}>0$.

知识运用

1. 根据 $\sin\alpha<0$，且 $\tan\alpha>0$，确定 α 是第几象限的角.
2. 确定下列各角的三角函数值的正负号.

(1)415°；(2)−210°；(3)$\frac{17\pi}{6}$；(4)$-\frac{5\pi}{6}$.

5.2.3　界限角的三角函数值

由于零角的终边与 x 轴的正半轴重合，且 r 为点 P 到原点的距离，所以对于角终边上的点 $P(x, y)$都有 $r=x$，$y=0$. 因此，利用三角函数的定义，有

$$\sin 0=\frac{y}{r}=\frac{0}{r}=0,\ \tan 0=\frac{y}{x}=\frac{0}{x}=0.$$

同样讨论还可以得到 0，$\frac{\pi}{2}$，$\frac{3\pi}{2}$，2π 等界限角的三角函数值的情况，如表 5-5 所列.

表 5-5

α	0	$\frac{\pi}{2}$	π	$\frac{3\pi}{2}$	2π
$\sin\alpha$	0	1	0	−1	0
$\cos\alpha$	1	0	−1	0	0
$\tan\alpha$	0	不存在	0	不存在	0

知识巩固

例 4　求值：$4\cos 180°+7\tan 0°-3\sin 90°+2\cos 270°$.

解　$4\cos 180°+7\tan 0°-3\sin 90°+2\cos 270°$

$=4\times(-1)+0-3\times 1+2\times 0$

$=-4-3$

$=-7$.

知识运用

1. 计算：$4\sin 0°+3\tan 180°-2\cos 270°+3\sin 360°$.
2. 计算：$2\cos\frac{\pi}{2}+5\sin\pi-4\tan 2\pi+6\cos\frac{3\pi}{2}=-9$.

习题 5.2

A 组

1. 选择题.

(1)已知角 α 的终边经过点 $P(-3, 4)$，则 $\tan\alpha$ 的值是（　　）.

A. $\frac{3}{4}$　　B. $\frac{4}{3}$　　C. $-\frac{3}{4}$　　D. $-\frac{4}{3}$

(2)下列各三角函数值中为负值的是（　　）.

A. $\sin 710°$　　B. $\cos(-1000°)$　　C. $\tan(-105°)$　　D. $\tan\frac{6\pi}{5}$

(3)设 $\cos\alpha<0$，$\tan\alpha<0$，则角 α 是第（　　）象限角.

A. 一　　B. 二　　C. 三　　D. 四

2. 计算.

(1)$3\cos 270°-2\sin 180°-\tan 0°+\sqrt{2}\sin 90°$；

(2)$3\sin\frac{3\pi}{2}-2\tan\frac{\pi}{4}+\frac{1}{3}\cos\frac{3\pi}{2}+4\tan 2\pi$.

3. 确定下列各角的三角函数值的正负号.

(1)$-\frac{2\pi}{3}$；(2)$\frac{5\pi}{4}$；(3)$-30°$；(4)$750°$.

4. 根据下列条件确定 α 是第几象限角.

(1)$\sin\alpha>0$ 且 $\cos\alpha<0$；

(2)$\tan\alpha>0$ 且 $\cos\alpha<0$.

B 组

1. 设 $\sin\alpha\geqslant 0$ 且 $\tan\alpha<0$，确定角 α 终边的位置.

2. 设 $\tan\alpha=1$，且 α 为第三象限角，求 $\sin\alpha$ 与 $\cos\alpha$.

5.3 诱导公式

5.3.1 $\alpha+k\cdot 360°(k\in\mathbf{Z})$的诱导公式

思 考

45°角与 405°角是终边相同的角，sin 45°与 sin 405°之间具有什么关系？

知识链接

由于 45°角与 405°角的终边相同，根据任意角的三角函数的定义，可以得到 $\sin 45°=\sin 405°$.

在单位圆中（图 5-14），可以发现，由于角 α 的终边与单位圆的交点为 $P(\cos\alpha,$

$\sin\alpha$)，当终边旋转到 $k\cdot360°(k\in\mathbf{Z})$ 时，点 $P(\cos\alpha,\ \sin\alpha)$ 回到原来的位置，所以角 α 的各三角函数值并不发生变化，因此得到：**终边相同的角的同名三角函数值相等**.

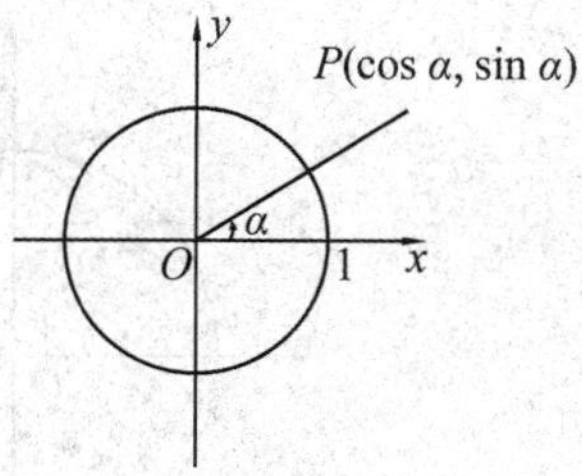

图 5-14

即当 $k\in\mathbf{Z}$ 时，有

$$\begin{aligned}&\sin(\alpha+k\cdot360°)=\sin\alpha;\\&\cos(\alpha+k\cdot360°)=\cos\alpha;\\&\tan(\alpha+k\cdot360°)=\tan\alpha.\end{aligned}\qquad(5.3.1)$$

利用公式(5.3.1)，可以把任意角的三角函数转换为 $0°\sim360°$范围内角的三角函数.

知识巩固

例 1　求下列各角的三角函数值.

(1) $\sin750°$；(2) $\cos\dfrac{25\pi}{6}$；(3) $\tan\dfrac{9\pi}{4}$.

分析　利用公式(5.3.1)将任意角转换为 $[0,\ 2\pi]$ 内角的三角函数.

解　(1) $\sin750°=\sin(30°+2\times360°)=\sin30°=\dfrac{1}{2}$；

(2) $\cos\dfrac{25\pi}{6}=\cos\left(\dfrac{\pi}{6}+2\times2\pi\right)=\cos\dfrac{\pi}{6}=\dfrac{\sqrt{3}}{2}$；

(3) $\tan\dfrac{9\pi}{4}=\tan\left(\dfrac{\pi}{4}+1\times2\pi\right)=\tan\dfrac{\pi}{4}=1$.

知识运用

求下列各角的三角函数值.

(1) $\sin\dfrac{13\pi}{3}$；(2) $\cos390°$；(3) $\tan\dfrac{13\pi}{6}$

5.3.2　$-\alpha$ 的诱导公式

思　考

$45°$角与$-45°$角关于 x 轴对称，则 $\sin45°$ 与 $\sin(-45°)$ 之间具有什么关系？

知识链接

观察图 5-15，点 P 与点 P' 的横坐标相同，纵坐标互为相反数，由此得到

$$\cos45°=\cos(-45°);$$
$$\sin45°=-\sin(-45°).$$

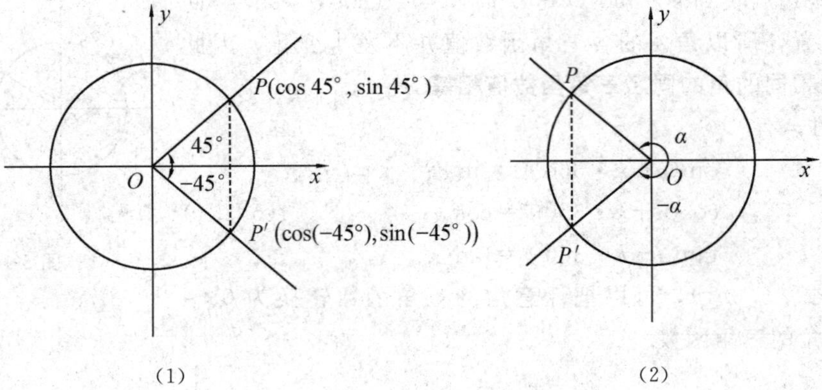

图 5-15

设单位圆与任意角 α 与 $-\alpha$ 的终边分别相交于点 P 与点 P'（图 5-15(2)），则点 P 的坐标是 $(\cos\alpha, \sin\alpha)$，点 P' 的坐标是 $(\cos(-\alpha), \sin(-\alpha))$，由于点 P 与点 P' 关于 x 轴对称，所以它们的横坐标相同，纵坐标互为相反数，即

$$\cos\alpha=\cos(-\alpha);\ \sin(-\alpha)=-\sin\alpha.$$

由任意角三角函数定义知

$$\tan(-\alpha)=\frac{\sin(-\alpha)}{\cos(-\alpha)}=-\frac{\sin\alpha}{\cos\alpha}=-\tan\alpha.$$

于是得到

$$\begin{aligned}\sin(-\alpha)&=-\sin\alpha;\\ \cos(-\alpha)&=\cos\alpha;\\ \tan(-\alpha)&=-\tan\alpha.\end{aligned}\qquad(5.3.2)$$

利用这组公式，可以把负角的三角函数转换为正角的三角函数.

知识巩固

例 2 求下列三角函数值.

(1) $\cos(-60°)$；(2) $\sin\left(-\frac{19\pi}{3}\right)$；(3) $\tan(-30°)$.

解 (1) $\cos(-60°)=\cos 60°=\frac{1}{2}$；

(2) $\sin\left(-\frac{19\pi}{3}\right)=-\sin\frac{19\pi}{3}=-\sin\left(\frac{\pi}{3}+6\pi\right)=-\sin\frac{\pi}{3}=-\frac{\sqrt{3}}{2}$；

(3) $\tan(-30°)=-\tan 30°=-\frac{\sqrt{3}}{3}$.

知识运用

求下列各角三角函数值.

(1) $\sin(-750°)$；(2) $\cos(-405°)$；(3) $\tan\left(-\frac{13\pi}{3}\right)$.

5.3.3　180°±α 的诱导公式

思　考

45°角与 225°角关于 x 轴对称，则 sin 45°与 sin 225°之间具有什么关系？

知识链接

观察图 5-16(1)，点 P 与点 P' 关于坐标原点对称，它们的横坐标与纵坐标都互为相反数，由此得到

$$\cos 45° = -\cos 225°,\ \sin 45° = -\sin 225°.$$

设单位圆与任意角 α，$\alpha+180°$ 的终边分别交于点 P 与点 P'(图 5-16(2))．则点 P 的坐标是$(\cos\alpha,\ \tan\alpha)$，点 P' 的坐标是$(\cos(180°+\alpha),\ \sin(180°+\alpha))$，又由于点 P 与点 P' 关于原点中心对称，它们的横坐标、纵坐标互为相反数，所以

$$\cos(180°+\alpha) = -\cos\alpha;\ \sin(180°+\alpha) = -\sin\alpha.$$

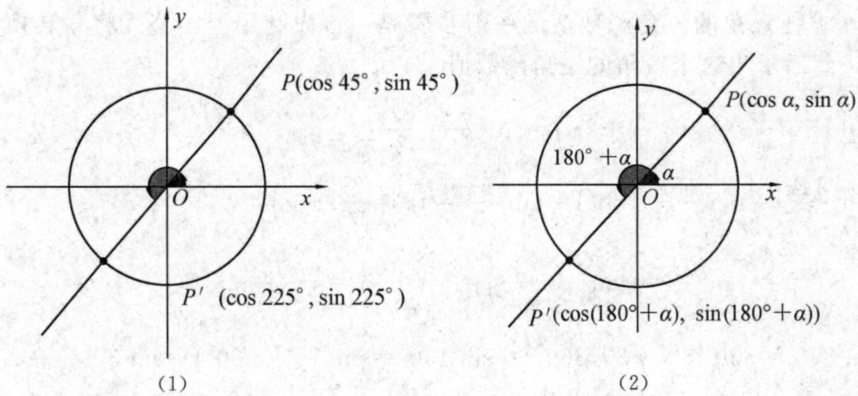

图 5-16

由任意角三角函数定义知

$$\tan(180°+\alpha) = \frac{\sin(180°+\alpha)}{\cos(180°+\alpha)} = \frac{-\sin\alpha}{-\cos\alpha} = \tan\alpha.$$

于是得到

$$\begin{aligned} \sin(180°+\alpha) &= -\sin\alpha; \\ \cos(180°+\alpha) &= -\cos\alpha; \\ \tan(180°+\alpha) &= \tan\alpha. \end{aligned} \tag{5.3.3}$$

设单位圆与任意角 α，$\alpha+180°$，$180°-\alpha$ 的终边分别交于点 P，P' 和 P''.

图 5-17 可以看到 P' 和 P'' 关于 x 轴对称，它们的横坐标相同，纵坐标互为相反数，由此得到

$\cos(180°-\alpha) = \cos(180°+\alpha) = -\cos\alpha$；

$\sin(180°-\alpha) = -\sin(180°+\alpha) = \sin\alpha$.

由任意角三角函数定义知

$$\tan(180°-\alpha)=\frac{\sin(180°-\alpha)}{\cos(180°-\alpha)}=\frac{\sin\alpha}{-\cos\alpha}=-\tan\alpha.$$

于是得到

$$\begin{aligned}\sin(180°-\alpha)&=\sin\alpha;\\ \cos(180°-\alpha)&=-\cos\alpha;\\ \tan(180°-\alpha)&=-\tan\alpha.\end{aligned}\qquad(5.3.4)$$

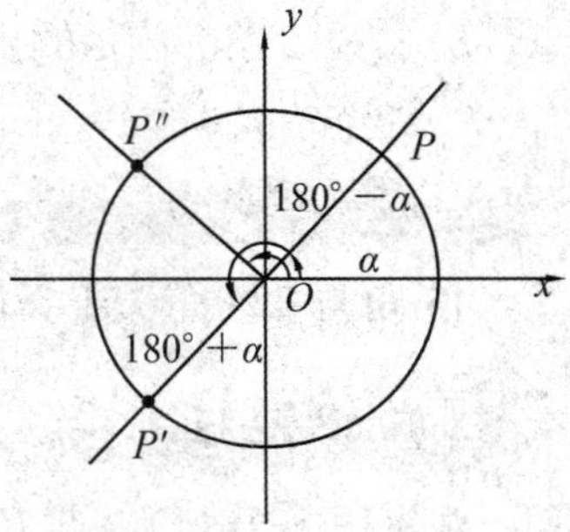

图 5-17

公式(5.3.1)，公式(5.3.2)，公式(5.3.3)，公式(5.3.4)统称为诱导公式．利用这些公式，可以将任意角的三角函数转换为锐角的三角函数．

知识巩固

例 3　求下列三角函数值.

(1)$\sin\frac{9\pi}{4}$；(2)$\tan\frac{11\pi}{3}$；(3)$\sin 870°$；(4)$\cos 1050°$.

分析　求任意角的三角函数值的一般步骤是：首先利用诱导公式将角转换为锐角的三角函数，然后求出这个锐角的三角函数值.

解　(1)$\sin\frac{9\pi}{4}=\sin\left(\frac{\pi}{4}+2\pi\right)=\sin\frac{\pi}{4}=\frac{\sqrt{2}}{2}$；

(2)$\tan\frac{11\pi}{3}=\tan\left(\frac{5\pi}{3}+2\pi\right)=\tan\frac{5\pi}{3}=\tan\left(\frac{2\pi}{3}+\pi\right)$

$=\tan\frac{2\pi}{3}=\tan\left(\pi-\frac{\pi}{3}\right)=-\tan\frac{\pi}{3}=-\frac{\sqrt{3}}{3}$；

(3)$\sin 870°=\sin(150°+2\times360°)=\sin 150°=\sin(180°-30°)=\sin 30°=\frac{1}{2}$；

(4)$\cos 1050°=\cos(330°+2\times360°)=\cos 330°=\cos(-30°+1\times360°)$

$=\cos(-30°)=\cos 30°=\frac{\sqrt{3}}{2}$.

知识运用

求下列角的三角函数值.

(1)$\sin\frac{11\pi}{3}$；　(2)$\cos 390°$；　(3)$\tan 225°$；

(4)$\cos\frac{5\pi}{4}$；　(5)$\tan\frac{17\pi}{3}$；　(6)$\sin\left(-\frac{11\pi}{6}\right)$.

习题 5.3

A 组

1. 求下列三角函数值.

(1)$\cos 750°$；(2)$\sin \dfrac{17\pi}{4}$；(3)$\tan\left(-\dfrac{2\pi}{3}\right)$；(4)$\sin 810°$.

2. 计算$\dfrac{\cos(-60°)\sin 330°\tan 420°}{\sin(-120°)}$.

3. 设 $\sin\alpha=0.3$，求下列三角函数值.

(1)$\sin(-\alpha)$；(2)$\sin(3\pi-\alpha)$；(3)$\sin(\alpha-2\pi)$；(4)$\sin(\alpha-9\pi)$.

4. 设 $\cos\alpha=-0.2$，求下列各三角函数值.

(1)$\cos(-\alpha)$；(2)$\cos(3\pi-\alpha)$；(3)$\cos(\alpha-2\pi)$；(4)$\cos(\alpha-8\pi)$.

5. 计算 $\sqrt{1-\cos^2 750°}$.

B 组

1. 化简下列各式.

(1)$\dfrac{\sin(\pi-\alpha)\tan(2\pi-\alpha)\tan(\pi-\alpha)}{\cos(\pi+\alpha)}$；

(2)$\dfrac{\cos(2\pi+\alpha)\tan(\pi-\alpha)\tan(\pi+\alpha)}{\tan(2\pi-\alpha)\tan(\pi+\alpha)}$.

2. 已知 α 为第一象限角，$\sin\alpha=\dfrac{4}{5}$，求$\dfrac{3\sin(3\pi-\alpha)-4\sin(-\alpha)}{5\sin(\alpha-3\pi)+7\sin(3\pi+\alpha)}$.

5.4　同角三角函数基本关系式

5.4.1　同角三角函数基本关系式

思　考

通常用坡道表示斜坡的斜度，其数值往往是斜坡(斜坡与水平面所成的角)的正切值，设坡度为 α，如图 5-18，如果 $\tan\alpha=0.6$，汽车上坡时开了 20 m，想知道升高了多少米，就需要求出坡道 α 的正弦值，这就需要研究同角三角函数之间的关系式.

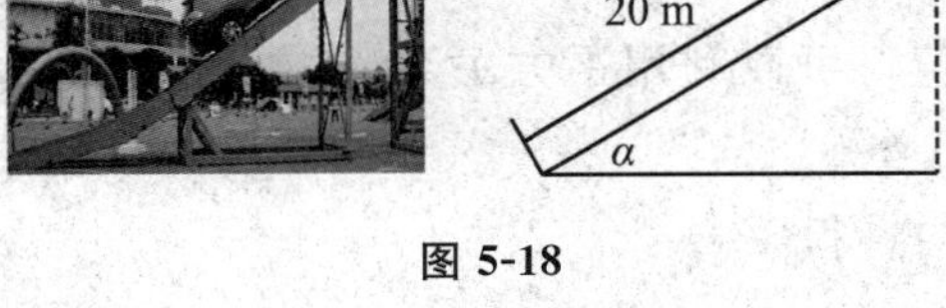

图 5-18

知识链接

在平面直角坐标系中，以原点为圆心，单位长度为半径的圆叫做**单位圆**，下面在单位圆中研究同角三角函数的基本关系式.

设角 α 的终边与单位圆的交点为 $P(x, y)$，如图 5-19 所示，那么

$$\sin\alpha=\frac{y}{1}=y，\cos\alpha=\frac{x}{1}=x.$$

上式说明，角 α 的正弦值等于它的终边与单位圆交点 P 的纵坐标，角 α 的余弦值等于它的终边与单位圆交点 P 的横坐标．因此，角 α 的终边与单位圆的交点 P 的坐标为 $(\cos\alpha, \sin\alpha)$.

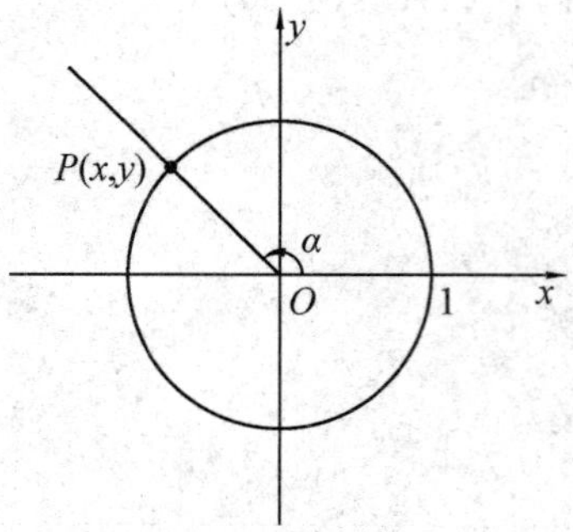

图 5-19

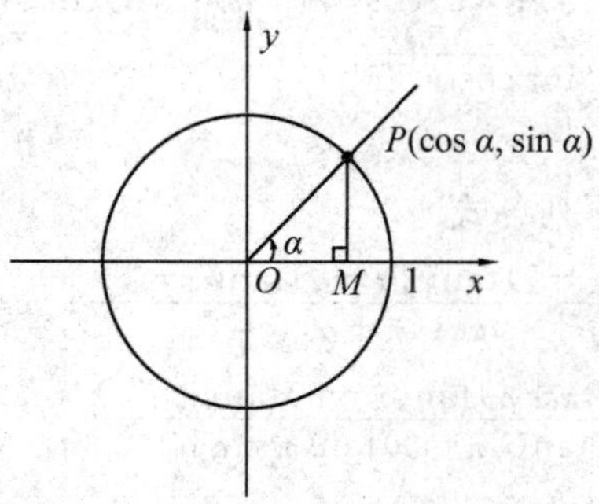

图 5-20

观察单位圆(图 5-20)，由于角 α 的终边与单位圆的交点为 $P(\cos\alpha, \sin\alpha)$，由勾股定理得

$$\sin^2\alpha+\cos^2\alpha=1. \tag{5.4.1}$$

由正切的定义得

$$\tan\alpha=\frac{\sin\alpha}{\cos\alpha}. \tag{5.4.2}$$

公式(5.4.1)是同角的正弦函数与余弦函数之间的**平方关系**，公式(5.4.2)是同角的正弦函数与余弦函数之间的**商数关系**，利用它们可以由一个已知的三角函数值，求出其他各三角函数值.

知识巩固

例 1 已知 $\cos\alpha=-\frac{3}{5}$，且 α 是第三象限角，求 $\sin\alpha$ 和 $\tan\alpha$.

分析 知道余弦函数值，可以利用平方关系，求出正弦函数值．然后利用商数关系式，求出正切函数值.

解 由 $\sin^2\alpha+\cos^2\alpha=1$，得

$\sin^2\alpha+\left(-\frac{3}{5}\right)^2=1$，

$\sin^2\alpha+\frac{9}{25}=1$,

$\sin^2\alpha=\frac{16}{25}$,

$\sin\alpha=\pm\frac{4}{5}$.

又因为 α 是第三象限角，故 $\sin\alpha<0$，所以

$\sin\alpha=-\frac{4}{5}$,

$\tan\alpha=\frac{\sin\alpha}{\cos\alpha}=\frac{-\frac{4}{5}}{-\frac{3}{5}}=\frac{4}{3}$.

例 2　已知 $\sin\alpha=\frac{5}{13}$，求 $\cos\alpha$ 和 $\tan\alpha$.

解　因为 $\sin\alpha=\frac{5}{13}>0$，所以 α 为第一或第二象限角.

由 $\sin^2\alpha+\cos^2\alpha=1$，得

$\left(\frac{5}{13}\right)^2+\cos^2\alpha=1$,

$\frac{25}{169}+\cos^2\alpha=1$,

$\cos^2\alpha=\frac{144}{169}$,

$\cos\alpha=\frac{12}{13}$ 或 $-\frac{12}{13}$.

当 α 为第一象限角时，$\cos\alpha=\frac{12}{13}$，$\tan\alpha=\frac{5}{12}$；

当 α 为第二象限角时，$\cos\alpha=-\frac{12}{13}$，$\tan\alpha=-\frac{5}{12}$.

例 3　化简 $\sqrt{1-\cos^2 750°}$.

解　$\sqrt{1-\cos^2 750°}=\sqrt{\sin^2 750°}=\sin 750°=\sin(30°+2\times360°)=\sin 30°=\frac{1}{2}$.

知识运用

1. 已知 $\sin\alpha=\frac{1}{2}$，且 α 是第二象限角，求 $\cos\alpha$ 和 $\tan\alpha$.

2. 已知 $\cos\alpha=-\frac{12}{13}$，求 $\sin\alpha$ 和 $\tan\alpha$.

3. 化简：$\sqrt{1-\sin^2 405°}$.

∗∗5.4.2　含有三角函数的式子的求值与化简

知识巩固

例 4　已知 $\tan\alpha=3$，求$\dfrac{4\cos\alpha+3\sin\alpha}{3\sin\alpha-2\cos\alpha}$的值.

解　由已知 $\tan\alpha=3$，可得$\dfrac{\sin\alpha}{\cos\alpha}=3$，即 $\sin\alpha=3\cos\alpha$，所以

$$\frac{4\cos\alpha+3\sin\alpha}{3\sin\alpha-2\cos\alpha}=\frac{4\cos\alpha+3(3\cos\alpha)}{3(3\cos\alpha)-2\cos\alpha}=\frac{13\cos\alpha}{7\cos\alpha}=\frac{13}{7}.$$

例 5　已知 α 为第二象限角，化简$\sqrt{\dfrac{1}{\cos^2\alpha}-1}$.

解　α 为第二象限角，故 $\tan\alpha<0$，所以

原式$=\sqrt{\dfrac{1}{\cos^2\alpha}-1}=\sqrt{\dfrac{1-\cos^2\alpha}{\cos^2\alpha}}=\sqrt{\dfrac{\sin^2\alpha}{\cos^2\alpha}}=\sqrt{\tan^2\alpha}=-\tan\alpha$.

知识运用

1. 已知 $\tan\alpha=4$，求$\dfrac{2\sin\alpha-3\cos\alpha}{\sin\alpha-2\cos\alpha}$的值.

2. 化简.

(1)$\dfrac{\tan\alpha-1}{\sin\alpha-\cos\alpha}$；(2)$\tan\alpha\sqrt{1-\sin^2\alpha}$（$\alpha$ 为第一象限角）.

习题 5.4

A 组

1. 选择题.

(1)已知角的终边上一点的坐标为(3，−4)，则 α 是(　　).

A. 第一象限角　　B. 第二象限角

C. 第三象限角　　D. 第四象限角

(2)设 α 是第二象限角，则点 $M(\sin\alpha,\cos\alpha)$在(　　).

A. 第一象限　　B. 第二象限　　C. 第三象限　　D. 第四象限

(3)设 $\cos\alpha<0$，$\tan\alpha>0$，则$\sqrt{1-\cos^2\alpha}=$(　　).

A. $\sin\alpha$　　B. $\tan\alpha$　　C. $-\sin\alpha$　　D. $\pm\sin\alpha$

2. 已知 $\sin\alpha=-\dfrac{3}{5}$，且 α 是第四象限角，求 $\cos\alpha$，$\tan\alpha$.

3. 已知 $\cos\alpha=-\dfrac{\sqrt{3}}{2}$，且 α 是第二象限角，求 $\sin\alpha$，$\tan\alpha$.

4. 已知 $\cos\alpha=\dfrac{12}{13}$，求 $\sin\alpha$，$\tan\alpha$.

B 组

1. 已知 $\tan\alpha=2$，求 $\sin\alpha$，$\cos\alpha$.

2. 化简.

(1) $\dfrac{1}{1+\cos\alpha}+\dfrac{1}{1-\cos\alpha}$；(2) $(1+\sin\alpha)(1-\sin\alpha)$.

3. 化简.

(1) $\dfrac{\cos\alpha}{\sqrt{1-\cos^2\alpha}}$；(2) $\dfrac{\sin\alpha-\cos\alpha}{3\cos\alpha-4\cos\alpha}$.

5.5 函数的图像与性质

5.5.1　正弦函数的图像与性质

观察

图 5-21

观察钟表(图 5-21)，显示 1 点整，那么 12 小时以后呢？再经过 12 小时呢？再经过 12 小时呢？……

我们发现，每间隔 12 小时，指针所指时间 1 点重复出现．这种现象叫做周期现象.

知识链接

一般地，对于函数 $y=f(x)$，如果存在一个不为零的常数 T，使得当 x 取定义域 D 内的每一个值时，都有 $x+T\in D$，且 $f(x+T)=f(x)$ 成立，那么就把函数 $y=f(x)$ 叫做**周期函数**，不为零的常数 T 叫做这个函数的一个周期．事实上，任何一个常数 kT($k\in\mathbf{Z}$ 且 $k\neq0$)都是它的周期．如果在所有正周期中有一个最小的，则称它是函数 $f(x)$ 的最小正周期，或直接称为**周期**.

在正弦函数中，定义域为实数集 $\mathbf{R}$，对 $a\in\mathbf{R}$，恒有 $a+2k\pi\in(\mathbf{R}，k\in\mathbf{Z})$，并且

$$\sin(\alpha+2k\pi)=\sin\alpha(k\in\mathbf{Z}).$$

所以正弦函数为周期函数．最小正周期为 2π.

本章主要研究一个周期$[0,2\pi]$内的正弦函数．为了方便，我们将用字母 x 来表示角（自变量），正弦函数 $y=\sin x$.

把区间$[0,2\pi]$分成 8 等份，分别求得函数 $y=\sin x$ 在各分点及区间端点的函数值，列表 5-6 得到如图 5-22 所示的图像．

表 5-6

x	0	$\frac{\pi}{4}$	$\frac{\pi}{2}$	$\frac{3\pi}{4}$	π	$\frac{5\pi}{4}$	$\frac{3\pi}{2}$	$\frac{7\pi}{4}$	2π
$y=\sin x$	0	0.71	1	0.71	0	−0.71	−1	−0.71	0

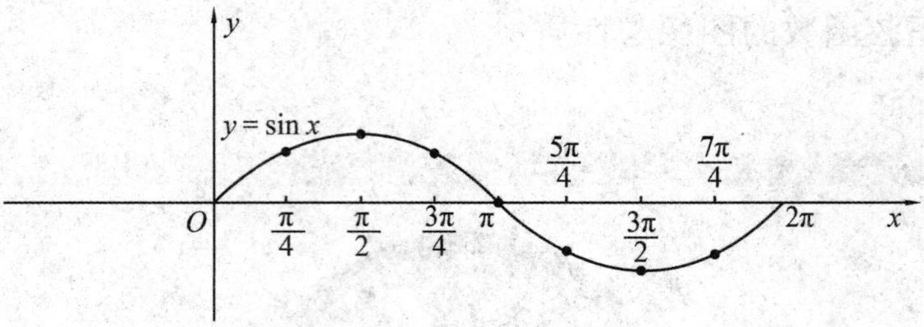

图 5-22

由周期性的定义可知，在长度为 2π 的区间上，正弦函数的图像相同，可以向左或者向右平移$[0,2\pi]$上的图像 2π，4π，6π，…得到 $y=\sin x$ 在定义域 $\mathbf{R}$ 上的图像，这个图像叫做**正弦曲线**．如图 5-23.

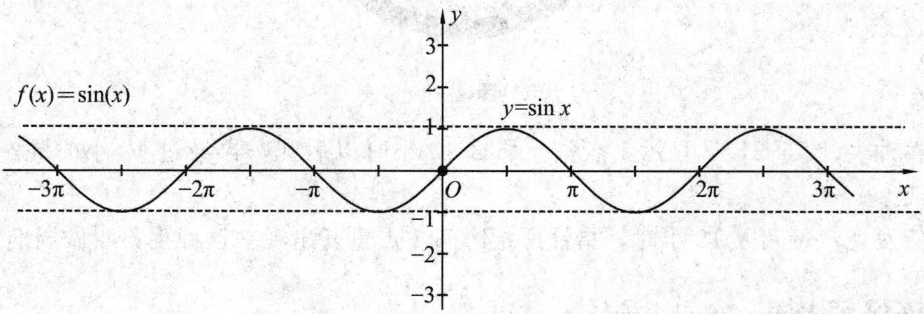

图 5-23

由正弦曲线可以看出正弦函数 $y=\sin x$ 在定义域 $\mathbf{R}$ 内的主要性质：

(1)**值域**：由图可知，正弦函数的图像夹在 $y=1$ 和 $y=-1$ 之间，即对任意的角 x，都有$|\sin x|\leqslant 1$ 成立．由此可知，正弦函数的值域为$[-1,1]$.

当 $x=\frac{\pi}{2}+2k\pi(k\in\mathbf{Z})$时，$y$ 取最大值 1，即 $y_{\max}=1$，

当 $x=-\frac{\pi}{2}+2k\pi(k\in\mathbf{Z})$时，$y$ 取最小值-1，即 $y_{\min}=-1$.

(2)**周期性**：最小正周期为 2π.

(3)**奇偶性**：奇函数.

(4)**单调性**：在$\left[-\frac{\pi}{2}+2k\pi,\ \frac{\pi}{2}+2k\pi\right](k\in\mathbf{Z})$上为增函数，

在$\left[\frac{\pi}{2}+2k\pi,\ \frac{3\pi}{2}+2k\pi\right](k\in\mathbf{Z})$上为减函数.

知识巩固

例 1　利用五点作图法作函数 $y=\sin x+1$ 在区间$[0,\ 2\pi]$上的图像.

分析　$y=\sin x$ 图像中的五个关键点分别是 0，$\frac{\pi}{2}$，π，$\frac{3\pi}{2}$，2π，这里要求出$y=\sin x+1$ 在这五个关键点上的相应的函数值，从而得到这五个关键点的坐标，最后用光滑的曲线连接这五个点，得到图像.

解　列表(如表 5-7).

表 5-7

x	0	$\frac{\pi}{2}$	π	$\frac{3\pi}{2}$	2π
$y=\sin x$	0	1	0	-1	0
$y=1+\sin x$	1	2	1	0	1

以表 5-7 中每组对应的 x，y 值为坐标，描出点$(x,\ y)$，用光滑的曲线顺次连接各点，得到函数 $y=1+\sin x$ 在$[0,\ 2\pi]$上的图像(图 5-24).

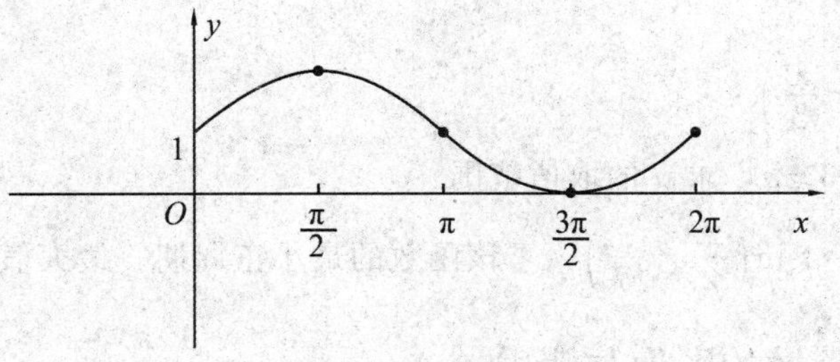

图 5-24

例 2　求下列函数的最小正周期.

(1)$y=\sin 2x$；

(2)$y=\sin\frac{x}{2}+1$；

(3)$y=\sin\left(\frac{x}{3}+6\right)$.

分析 因为正弦函数的一般形式为 $y=A\sin(\omega x+\varphi)$，而正弦函数的最小正周期只与 ω 有关，公式为最小正周期 $T=\frac{2\pi}{|\omega|}$.

解 (1) $y=\sin 2x$ 中 $\omega=2$，代入最小正周期公式 $T=\frac{2\pi}{|\omega|}$ 得 $T=\pi$.

(2) $y=\sin\frac{x}{2}+1$ 中 $\omega=\frac{1}{2}$，代入最小正周期公式 $T=\frac{2\pi}{|\omega|}$ 得 $T=4\pi$.

(3) $y=\sin\left(\frac{x}{3}+5\right)$ 中 $\omega=\frac{1}{3}$，代入最小正周期公式 $T=\frac{2\pi}{|\omega|}$ 得 $T=6\pi$.

例 3 已知 $\sin x=a-4$，求 a 的取值范围.

解 $\because -1\leqslant\sin x\leqslant 1$,

$\therefore -1\leqslant a-4\leqslant 1$，$\therefore 3\leqslant a\leqslant 5$.

解得 a 的取值范围是 $[3, 5]$.

例 4 求函数 $y=\sin 3x$ 取得最大值时 x 的集合，并指出最大值.

解 设 $3x=a$，则使函数 $y=\sin a$ 取得最大值 1 的集合是

$\left\{a\,\middle|\,a=\frac{\pi}{2}+2k\pi,\ k\in\mathbf{Z}\right\}$.

$\therefore a=3x=\frac{\pi}{2}+2k\pi$.

$\therefore x=\frac{\pi}{6}+\frac{2}{3}k\pi$.

$\therefore$ 所求集合为 $\left\{x\,\middle|\,x=\frac{\pi}{6}+\frac{2}{3}k\pi,\ k\in\mathbf{Z}\right\}$，函数 $y=\sin 3x$ 的最大值为 1.

知识运用

1. 求下列函数的最小正周期.

(1) $y=\sin 3x$；

(2) $y=\sin\left(\frac{x}{6}+\frac{\pi}{2}\right)$.

2. 已知 $\sin x=3-a$，求 a 的取值范围.

3. 已知函数 $y=2\sin\left(\frac{x}{2}+\frac{\pi}{3}\right)$，求该函数的最小正周期、最大值、最小值.

5.5.2 余弦函数的图像与性质

知识链接

在余弦函数中，定义域为实数集 $\mathbf{R}$，对 $\alpha\in\mathbf{R}$，恒有 $\alpha+2k\pi\in\mathbf{R}(k\in\mathbf{Z})$，并且

$$\cos(\alpha+2k\pi)=\cos\alpha(k\in\mathbf{Z}).$$

所以余弦函数为周期函数．其最小正周期为 2π.

下面我们来研究余弦函数 $y=\cos x$ 在区间 $[0, 2\pi]$ 上的图像.

把区间[0，2π]分成 8 等份，分别求得函数 $y=\cos x$ 在各分点及区间端点的函数值，列表 5-8，得到如图 5-25 所示的图像.

表 5-8

x	0	$\frac{\pi}{4}$	$\frac{\pi}{2}$	$\frac{3\pi}{4}$	π	$\frac{5\pi}{4}$	$\frac{3\pi}{2}$	$\frac{7\pi}{4}$	2π
$y=\cos x$	1	0.71	0	−0.71	−1	−0.71	0	0.71	1

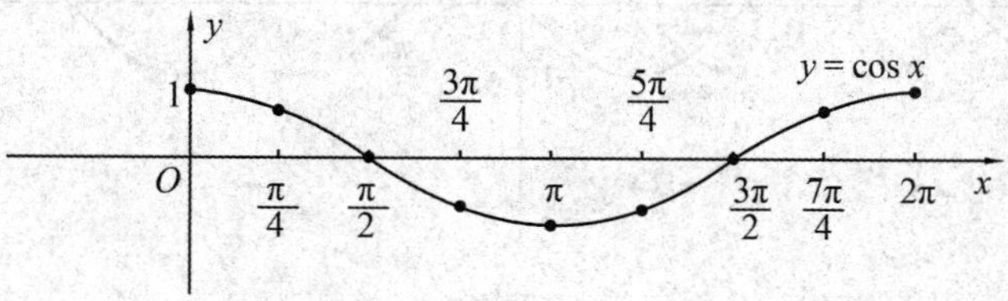

图 5-25

由周期性的定义可知，在长度为 2π 的区间上，余弦函数的图像相同，可以向左或者向右平移[0，2π]上的图像 2π，4π，6π，…得到 $y=\cos x$ 在定义域 **R** 上的图像，这个图像叫做**余弦曲线**. 如图 5-26.

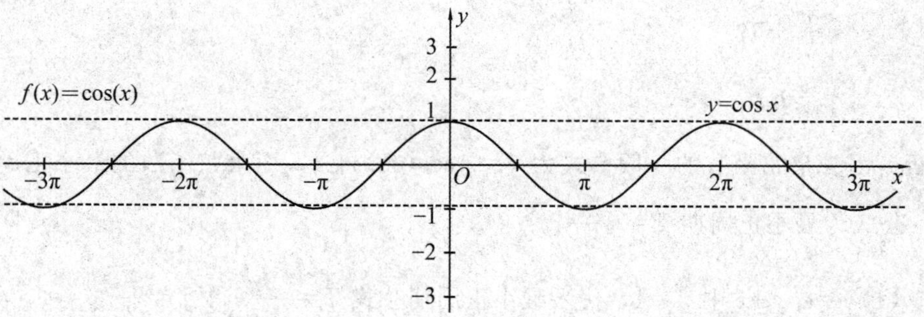

图 5-26

由余弦曲线可以看出余弦函数 $y=\cos x$ 在定义域 **R** 内的主要性质：

(1)**值域**：由图可知，余弦函数的图像夹在 $y=1$ 和 $y=-1$ 之间，即对任意的角 x，都有 $|\cos x|\leqslant 1$ 成立. 由此可知余弦函数的值域为[−1，1].

当 $x=2k\pi(k\in\mathbf{Z})$时，y 取最大值 1，即 $y_{\max}=1$，

当 $x=(2k+1)\pi(k\in\mathbf{Z})$时，$y$ 取最小值−1，即 $y_{\min}=-1$.

(2)**周期性**：最小正周期为 2π.

(3)**奇偶性**：偶函数.

(4)**单调性**：余弦函数在每一个区间$[(2k-1)\pi,\ 2k\pi](k\in\mathbf{Z})$上都是增函数，函数值从−1 增加到 1；在每一个区间$[2k\pi,\ (2k+1)\pi](k\in\mathbf{Z})$上都是减函数，函数值从 1 减少到−1.

思　考

如图 5-27，观察余弦函数和正弦函数的图像，它们之间有什么联系呢？

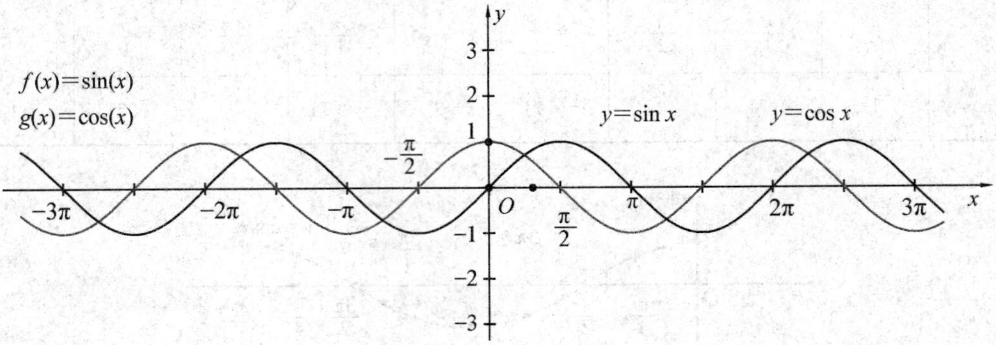

图 5-27

知识巩固

例 5　求下列函数的最小正周期.

(1) $y=\cos 4x$；

(2) $y=\cos \frac{x}{3}+5$；

(3) $y=-2\cos\left(\frac{x}{2}-1\right)$.

分析　因为余弦函数的一般形式为 $y=A\cos(\omega x+\varphi)$，而余弦函数的最小正周期只与 ω 有关，公式为最小正周期 $T=\frac{2\pi}{|\omega|}$.

解　(1) $y=\cos 4x$ 中 $\omega=4$，代入最小正周期公式 $T=\frac{2\pi}{|\omega|}$ 得 $T=\frac{\pi}{2}$.

(2) $y=\cos \frac{x}{3}+5$ 中 $\omega=\frac{1}{3}$，代入最小正周期公式 $T=\frac{2\pi}{|\omega|}$ 得 $T=6\pi$.

(3) $y=-2\cos\left(\frac{x}{2}-1\right)$ 中 $\omega=\frac{1}{2}$，代入最小正周期公式 $T=\frac{2\pi}{|\omega|}$ 得 $T=4\pi$.

例 6　已知 $\cos x=a+6$，求 a 的取值范围.

解　$\because -1\leqslant\cos x\leqslant 1$，

$\therefore -1\leqslant a+6\leqslant 1$.

$\therefore -7\leqslant a\leqslant -5$.

$\therefore a$ 的取值范围是 $[-7，-5]$.

知识运用

1. 求下列函数的最小正周期.

(1) $-\cos 6x$；

(2) $y=\cos\left(\frac{\pi}{6}-\frac{x}{3}\right)$.

2. 已知 $\cos x=-1-a$，求 a 的取值范围.

3. 已知函数 $y=-2\cos\left(\frac{x}{2}-\frac{\pi}{3}\right)-7$，求该函数的最小正周期、最大值、最小值.

习题 5.5

A 组

1. 指出正弦函数 $y=\sin x$ 在区间 $[0, 2\pi]$ 上的单调区间.
2. 已知 $\sin x=1-2a$，求 a 的取值范围.
3. 指出余弦函数 $y=\cos x$ 在区间 $[0, 2\pi]$ 上的单调区间.
4. 求下列函数的最小正周期.

(1) $y=\sin 3x$；(2) $y=\sin\left(\frac{x}{6}+\frac{\pi}{3}\right)$；(3) $y=\cos 4x$.

B 组

1. 求出下列函数的最大值、最小值，并求出自变量 x 的相应取值.

(1) $y=4-\frac{1}{3}\sin x$；(2) $y=2+3\cos x$；(3) $y=5-3\sin 2x$.

2. 求函数 $y=\sqrt{\sin 2x}$ 的定义域.

3. 求函数 $y=1-\frac{1}{\cos x}$ 的定义域.

5.6 已知三角函数值求角

5.6.1 已知正弦函数值求角

问题

利用计算器可以求出任意角的正弦函数值，那么，已知任意角的正弦函数值能求出指定范围内的角吗？

计算器应用

计算器的标准设置中，已知正弦函数值，只能显示出 $-90°\sim90°$（或 $-\frac{\pi}{2}\sim\frac{\pi}{2}$）范围内

的角. 其步骤是：设定角度或弧度计算模式⟶按键 Shift ⟶按键 sin ⟶输入正弦函数值⟶按键 = 显示$-90°\sim90°$(或$-\frac{\pi}{2}\sim\frac{\pi}{2}$)范围内的角.

如果求指定范围内的角，那么还需要使用诱导公式.

知识巩固

例 1 已知 $\sin x=0.4$，利用计算器求 $0°\sim360°$范围内的角 x(精确到 0.01°).

解 利用计算器得到锐角

$x_1=23.58°$.

利用 $\sin(180°-\alpha)=\sin\alpha$，得到所求的锐角.

$x_2\approx180°-23.58°=156.42°$.

故 $0°\sim360°$范围内，正弦函数值为 0.4 的角为 23.58°和 156.42°.

说明 已知正弦函数值，求指定范围内的角的主要步骤是：

(1)利用计算机器求出$-90°\sim90°$(或$-\frac{\pi}{2}\sim\frac{\pi}{2}$)范围内的角；

(2)利用诱导公式 $\sin(180°-\alpha)=\sin\alpha$ 求出 $90°\sim270°$(或$\frac{\pi}{2}\sim\frac{3\pi}{2}$)范围内的角；

(3)利用公式 $\sin(\alpha+k\cdot360°)=\sin\alpha$ 求出指定范围内的角.

例 2 已知 $\sin x=-0.4$，求在区间$[0, 2\pi]$上的角 x(精确到 0.0001°).

解 利用计算器得到$\left[-\frac{\pi}{2}, \frac{\pi}{2}\right]$上的角为

$x\approx-0.4115$.

利用公式 $\sin(\pi-\alpha)=\sin\alpha$，得到$\left[\frac{\pi}{2}, \frac{3\pi}{2}\right]$上的角为

$x_1\approx\pi-(-0.4115)\approx3.5531$.

利用 $\sin(2\pi+\alpha)=\sin\alpha$，得到$\left[\frac{3\pi}{2}, 2\pi\right]$上的角

$x_2\approx2\pi+(-0.4115)\approx5.8717$.

所以在区间$[0, 2\pi]$上，函数值为-0.4 的角为 3.5531 和 5.8717.

知识运用

1. 已知 $\sin x=0.2601$，求 $0°\sim360°$范围内的角 x(精确到 0.01°).
2. 已知 $\sin x=-0.4632$，求 $0°\sim360°$范围内的角 x(精确到 0.01°).

5.6.2 已知余弦函数值求角

计算器应用

计算器的标准设置中，已知余弦函数值，只能显示出 $0°\sim180°$(或 $0\sim\pi$)范围内的角. 其步骤是：

设定角度或弧度计算模式⟶按键 Shift ⟶按键 cos ⟶输入余弦函数值⟶按键 = 显示 $0°\sim180°$(或 $0\sim\pi$)范围内的角．如果求指定范围内的角，那么还需要应用诱导公式.

知识巩固

例 3　已知 $\cos x=0.4$，求 $-180°\sim180°$ 范围内的角 x(精确到 $0.01°$).

解　利用计算器得到在 $0°\sim180°$ 范围内的角为

$x\approx66.42°$.

利用 $\cos(-\alpha)=\cos\alpha$，得到 $-180°\sim0°$ 范围内的角为

$x\approx-66.42°$.

因此在 $-180°\sim180°$ 范围内余弦值为 0.4 的角为 $\pm66.42°$.

说明　已知余弦函数值，求指定范围内的角的主要步骤为：

(1)利用计算器求出 $0°\sim180°$(或 $0\sim\pi$)范围内的角；

(2)利用诱导公式 $\cos(-\alpha)=\cos\alpha$ 求出 $-180°\sim0°$(或 $-\pi\sim0$)范围内的角；

(3)利用公式 $\cos(\alpha+k\cdot360°)=\cos\alpha$ 求出指定范围内的角.

知识运用

已知 $\cos x=0.2261$，求区间 $[0, 2\pi]$ 内的角(精确到 $0.01°$).

5.7　两角和与差的正弦、余弦和正切公式

5.7.1　两角差的余弦公式

思　考

如何用 α，β 的正弦、余弦来表示 $\cos(\alpha-\beta)$ 的值呢？$\cos(\alpha-\beta)=\cos\alpha-\cos\beta$ 吗？你认为要获得正确的表达式，需要哪些已经学过的知识？

知识链接

由于这里涉及的是三角函数的问题，是 α，β 这两个角的余弦问题，所以可以联系单位圆上三角函数的知识．我们先对简单情况进行讨论．如图 5-28，设角 α，β 为锐角，且 $\beta<\alpha$，角 α 的终边与单位圆交于点 P_1，$\angle POP_1=\beta$. 则 $\angle xOP=\alpha-\beta$.

过点 P 作 PM 垂直于 x 轴，垂足为 M，那么 OM 就是角 $\alpha-\beta$ 的余弦线，这里就是要用余弦线来表示 OM.

过点 P 作 PN 垂直于 OP_1，垂足为 N，过点 N 作 NB 垂直于 x 轴，垂足为 B，过点

P 作 PC 垂直于 NB，垂足为 C，那么 ON 表示 $\cos\beta$，AB 表示 $\sin\beta$，并且有 $\angle PAC=\angle P_1Ox=\alpha$.

于是得到

$$\begin{aligned}OM&=OB+BM\\&=OB+CP\\&=ON\cos\alpha+NP\sin\alpha\\&=\cos\beta\cos\alpha+\sin\beta\sin\alpha.\end{aligned}$$

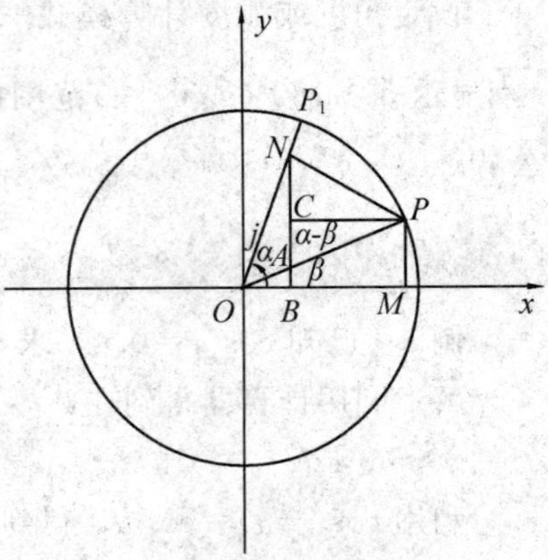

图 5-28

其中，α，β，$\alpha-\beta$ 都是锐角，是在 $\alpha>\beta$ 的情况下得到的，经过推导说明此结果是否为 α，β 为任意角的情况下都成立，推导过程比较复杂，因此这里我们直接给出结论.

$$\cos(\alpha-\beta)=\cos\alpha\cos\beta+\sin\alpha\sin\beta. \quad (C_{\alpha-\beta})$$

（5.7.1）

注：此公式给出了任意角 α，β 的正弦、余弦值与其差角 $\alpha-\beta$ 的余弦值之间的关系，称为**差角的余弦公式**，记作 $C_{\alpha-\beta}$.

有了 $C_{\alpha-\beta}$ 公式之后，我们只要知道 $\cos\alpha$，$\sin\alpha$，$\sin\beta$，$\cos\beta$ 的值，就可以求得 $C_{\alpha-\beta}$ 的值了.

知识巩固

例 1 求 $\cos 15^\circ$ 的值.

解
$$\begin{aligned}\cos 15^\circ&=\cos(45^\circ-30^\circ)\\&=\cos 45^\circ\cos 30^\circ+\sin 45^\circ\sin 30^\circ\\&=\frac{\sqrt{2}}{2}\times\frac{\sqrt{3}}{2}+\frac{\sqrt{2}}{2}\times\frac{1}{2}\\&=\frac{\sqrt{6}}{4}+\frac{\sqrt{2}}{4}\\&=\frac{\sqrt{6}+\sqrt{2}}{4}.\end{aligned}$$

注：想一想本题还有其他解法吗？完成本题后，你能求出 $\sin 75^\circ$ 的值吗？

例 2 已知 $\sin\alpha=\frac{5}{13}$，$\alpha\in\left(\frac{\pi}{2},\pi\right)$，$\cos\beta=-\frac{3}{5}$，$\beta\in\left(\pi,\frac{3\pi}{2}\right)$，求 $\cos(\alpha-\beta)$ 的值.

解 由 $\sin\alpha=\frac{5}{13}$，$\alpha\in\left(\frac{\pi}{2},\pi\right)$ 得

$$\cos\alpha=-\sqrt{1-\sin^2\alpha}=-\sqrt{1-\frac{25}{169}}=-\sqrt{\frac{144}{169}}=-\frac{12}{13}.$$

又由 $\cos\beta=-\frac{3}{5}$，$\beta\in\left(\pi,\frac{3\pi}{2}\right)$ 得

$\sin\beta=\sqrt{1-\cos^2\beta}=-\sqrt{1-\left(-\frac{3}{5}\right)^2}=-\sqrt{1-\frac{9}{25}}=-\sqrt{\frac{16}{25}}=-\frac{4}{5}.$

所以 $\cos(\alpha-\beta)=\cos\alpha\cos\beta+\sin\alpha\sin\beta$

$$=-\frac{12}{13}\times\left(-\frac{3}{5}\right)+\frac{5}{13}\times\left(-\frac{4}{5}\right)$$

$$=\frac{36}{65}-\frac{20}{65}$$

$$=\frac{16}{65}.$$

思　考

联系实际，要求 $\cos(\alpha-\beta)$的值，需要具备哪些条件？

知识运用

已知 $\cos\alpha=\frac{3}{5}$，$\alpha\in\left(\frac{3\pi}{2},\ 2\pi\right)$，求 $\cos\left(\frac{\pi}{2}-\alpha\right)$.

5.7.2　两角和的正弦、余弦和正切公式

知识链接

下面以 $C_{\alpha-\beta}$为基础，来推导其他公式.

比较 $\cos(\alpha-\beta)$与 $\cos(\alpha+\beta)$，并且注意到 $\alpha+\beta$ 与 $\alpha-\beta$ 之间的联系：$\alpha+\beta=\alpha-(-\beta)$，则由公式 $C_{\alpha-\beta}$，有

$$\begin{aligned}\cos(\alpha+\beta)&=\cos[\alpha-(-\beta)]\\&=\cos\alpha\cos(-\beta)+\sin\alpha\sin(-\beta)\\&=\cos\alpha\cos\beta-\sin\alpha\sin\beta.\end{aligned}$$

于是，我们得到了**两角和的余弦公式**，简记作 $C_{\alpha+\beta}$.

$$\cos(\alpha+\beta)=\cos\alpha\cos\beta-\sin\alpha\sin\beta.\qquad(C_{\alpha+\beta})\qquad(5.7.2)$$

上面我们得到了两角和与差的余弦公式，我们知道由诱导公式三或四可以实现正弦、余弦的互化，我们根据 $C_{\alpha-\beta}$，$C_{\alpha+\beta}$与诱导公式三或诱导公式四，能推导出任意角 α，β 的正弦、余弦值表示 $\sin(\alpha+\beta)$，$\cos(\alpha+\beta)$的公式.

$$\sin(\alpha+\beta)=\sin\alpha\cos\beta+\cos\alpha\sin\beta.\qquad(S_{\alpha+\beta})\qquad(5.7.3)$$

$$\sin(\alpha-\beta)=\sin\alpha\cos\beta-\cos\alpha\sin\beta.\qquad(S_{\alpha-\beta})\qquad(5.7.4)$$

注：我们也能根据正切函数与正弦函数、余弦函数的关系，从 $C_{\alpha\pm\beta}$，$S_{\alpha\pm\beta}$出发，推导出任意角 α，β 的正切表示 $\tan(\alpha+\beta)$，$\tan(\alpha-\beta)$的公式.

$$\tan(\alpha+\beta)=\frac{\tan\alpha+\tan\beta}{1-\tan\alpha\tan\beta}.\qquad(T_{\alpha+\beta})\qquad(5.7.5)$$

$$\tan(\alpha-\beta)=\frac{\tan\alpha-\tan\beta}{1+\tan\alpha\tan\beta}.\qquad(T_{\alpha-\beta})\qquad(5.7.6)$$

公式 $S_{\alpha+\beta}$，$C_{\alpha+\beta}$，$T_{\alpha+\beta}$给出了任意角 α，β 的三角函数值与其和角 $\alpha+\beta$ 的三角函数值之间的关系，我们将这三个公式叫做**和角公式**.

类似地，我们将 $S_{\alpha-\beta}$，$C_{\alpha-\beta}$，$T_{\alpha-\beta}$统称为**差角公式**.

知识巩固

例 3 已知 $\sin\alpha=-\dfrac{4}{5}$，α 是第三象限角，求 $\sin\left(\dfrac{\pi}{4}-\alpha\right)$，$\cos\left(\dfrac{\pi}{4}+\alpha\right)$，$\tan\left(\alpha-\dfrac{\pi}{4}\right)$的值.

解 由 $\sin\alpha=-\dfrac{4}{5}$，α 是第三象限角，得

$$\cos\alpha=-\frac{3}{5}.$$

$$\tan\alpha=\frac{\sin\alpha}{\cos\alpha}=\frac{-\frac{4}{5}}{-\frac{3}{5}}=\frac{4}{3}.$$

于是得到

$$\begin{aligned}\sin\left(\frac{\pi}{4}-\alpha\right)&=\sin\frac{\pi}{4}\cos\alpha-\cos\frac{\pi}{4}\sin\alpha\\&=\frac{\sqrt{2}}{2}\times\left(-\frac{3}{5}\right)-\frac{\sqrt{2}}{2}\times\left(-\frac{4}{5}\right)\\&=-\frac{3\sqrt{2}}{10}+\frac{4\sqrt{2}}{10}\\&=\frac{\sqrt{2}}{10}.\end{aligned}$$

$$\begin{aligned}\cos\left(\frac{\pi}{4}+\alpha\right)&=\cos\frac{\pi}{4}\cos\alpha-\sin\frac{\pi}{4}\sin\alpha\\&=\frac{\sqrt{2}}{2}\times\left(-\frac{3}{5}\right)-\frac{\sqrt{2}}{2}\times\left(-\frac{4}{5}\right)\\&=-\frac{3\sqrt{2}}{10}+\frac{4\sqrt{2}}{10}\\&=\frac{\sqrt{2}}{10}.\end{aligned}$$

$$\tan\left(\alpha-\frac{\pi}{4}\right)=\frac{\tan\alpha-\tan\frac{\pi}{4}}{1+\tan\alpha\tan\frac{\pi}{4}}=\frac{\frac{4}{3}-1}{1+\frac{4}{3}}=-\frac{1}{7}.$$

知识运用

1. 求下列各角的三角函数值.

(1)$\sin 75°$；(2)$\tan 15°$.

2. 已知 $\cos\alpha=-\frac{5}{13}$，α 是第二象限角，求 $\cos\left(\frac{\pi}{4}-\alpha\right)$，$\sin\left(\frac{\pi}{4}+\alpha\right)$，$\tan\left(\alpha+\frac{\pi}{4}\right)$.

习题 5.7

A 组

1. 求下列各式的值.

(1)$\sin 15°$；(2)$\cos 75°$；(3)$\cos 255°$；(4)$\tan 75°$.

2. 求 $\sin 105°\cos 75°+\cos 105°\sin 75°$的值.

3. 求 $\sin 35°\cos 85°+\cos 35°\sin 85°$的值.

4. 已知 $\cos\alpha=\frac{3}{5}$，$\cos\beta=\frac{4}{5}$，且 α 和 β 都是锐角，求 $\cos(\alpha+\beta)$.

5. 分别用 $\sin\alpha$，$\sin\alpha$ 来表示 $\cos\left(\frac{\pi}{2}-\alpha\right)$，$\sin\left(\frac{\pi}{2}-\alpha\right)$.

B 组

1. 已知 $\sin\alpha=\frac{5}{13}$，α 在第二象限，求 $\cos\left(\alpha-\frac{\pi}{3}\right)$的值.

2. 化简：$\sqrt[2]{1-\sin 8°}+\sqrt{2+2\cos 8°}$.

3. 证明：$\sqrt{3}\cos\alpha+\sin\alpha=2\sin(30°+\alpha)$.

5.8 二倍角

5.8.1　二倍角的正弦、余弦、正切公式

以 $C_{\alpha+\beta}$为基础，我们已经得到 6 个和(差)角公式，下面以和差角公式为基础，来推导倍角公式.

思　考

以 $C_{\alpha+\beta}$，$S_{\alpha+\beta}$出发，你能求二倍角公式吗?

知识链接

经过证明，**正弦、余弦和正切**的二倍角公式如下：

$$\sin 2\alpha=2\sin\alpha\cos\alpha;$$

$$\cos 2\alpha=\cos^2\alpha-\sin^2\alpha; \tag{5.8.1}$$

$$\tan 2\alpha=\frac{2\tan\alpha}{1-\tan^2\alpha}.$$

以上几个公式也简称**倍角公式**，倍角公式体现了任意角 2α 与 α 之间的三角函数之间的关系.

知识巩固

例 1 求下列各式的值.

(1) $\left(\cos\frac{\pi}{12}-\sin\frac{\pi}{12}\right)\left(\cos\frac{\pi}{12}+\sin\frac{\pi}{12}\right)$；

(2) $2\cos 105°\cos 15°$；

(3) $\frac{\tan 15°}{1-\tan^2 15°}$；

(4) $\frac{1}{2}-\cos^2\frac{\pi}{8}$.

解 (1) $\left(\cos\frac{\pi}{12}-\sin\frac{\pi}{12}\right)\left(\cos\frac{\pi}{12}+\sin\frac{\pi}{12}\right)=\cos^2\frac{\pi}{12}-\sin^2\frac{\pi}{12}=\cos 2\times\frac{\pi}{12}=\cos\frac{\pi}{6}=\frac{\sqrt{3}}{2}$；

(2) $2\cos(90°+15°)\cos 15°=2(-\sin 15°)\cos 15°$

$$=-2\sin 15°\cos 15°=-\sin 30°=-\frac{1}{2};$$

(3) $\frac{\tan 15°}{1-\tan^2 15°}=\frac{1}{2}\frac{2\tan 15°}{1-\tan^2 15°}=\frac{1}{2}\tan 30°=\frac{1}{2}\cdot\frac{\sqrt{3}}{3}=\frac{\sqrt{3}}{6}$；

(4) $\frac{1}{2}-\cos^2\frac{\pi}{8}=-\frac{1}{2}\left(2\cos^2\frac{\pi}{8}-1\right)=-\frac{1}{2}\cos\frac{\pi}{4}=-\frac{\sqrt{2}}{4}$.

例 2 在 $\triangle ABC$ 中，$\cos A=\frac{4}{5}$，$\tan B=2$，求 $\tan(2A+2B)$.

解 由 $\cos A=\frac{4}{5}$，及 $\sin^2 A+\cos^2 A=1$ 得

$\sin A=\frac{3}{5}$.

又由 $\tan A=\frac{\sin A}{\cos A}=\frac{3}{4}$.

所以 $\tan 2A=\frac{2\tan A}{1-\tan^2 A}=\frac{2\times\frac{3}{4}}{1-\left(\frac{3}{4}\right)^2}=\frac{\frac{3}{2}}{\frac{7}{16}}=\frac{24}{7}$.

由 $\tan B=2$，可得 $\tan 2B=\frac{2\tan B}{1-\tan^2 B}=\frac{4}{1-4}=-\frac{4}{3}$.

所以 $\tan(2A+2B)=\dfrac{\tan 2A+\tan 2B}{1-\tan 2A\tan 2B}=\dfrac{\dfrac{24}{7}+\left(-\dfrac{4}{3}\right)}{1-\dfrac{24}{7}\times\left(-\dfrac{4}{3}\right)}=\dfrac{44}{117}$.

知识运用

1. 求下列各式的值.

(1) $\sin 15^\circ\cos 15^\circ$；(2) $\cos^2\dfrac{\pi}{8}-\sin^2\dfrac{\pi}{8}$；(3) $\dfrac{2\tan 22.5^\circ}{1-\tan^2 22.5^\circ}$.

2. 已知 $\cos\dfrac{\alpha}{8}=-\dfrac{4}{5}$，$8\pi<\alpha<12\pi$，求 $\sin\dfrac{\alpha}{4}$，$\cos\dfrac{\alpha}{4}$，$\tan\dfrac{\alpha}{4}$.

3. 已知 $\tan 2\alpha=\dfrac{1}{3}$，求 $\tan\alpha$ 的值.

5.8.2　简单的三角恒等变换

学习了和差角公式、倍角公式以后，我们就有了三角形变换的新工具，从而使三角变换的内容、思路和方法更加丰富，为我们运算、推理能力的提高打下了坚实的基础.

思考：α 与 $\dfrac{\alpha}{2}$ 有什么关系？

例 3　请用 $\cos\alpha$ 表示 $\sin^2\dfrac{\alpha}{2}$，$\cos^2\dfrac{\alpha}{2}$，$\tan^2\dfrac{\alpha}{2}$.

解　α 是 $\dfrac{\alpha}{2}$ 的二倍角，在倍角公式 $\cos 2\alpha=1-2\sin^2\alpha$ 中，以 α 代替 2α，

那么以 $\dfrac{\alpha}{2}$ 代替 α. 即得

$\cos\alpha=1-2\sin^2\dfrac{\alpha}{2}$.

所以 $\sin^2\dfrac{\alpha}{2}=\dfrac{1-\cos\alpha}{2}$.　　(1)

由 $\cos 2\alpha=2\cos^2\alpha-1$，以 α 代替 2α，以 $\dfrac{\alpha}{2}$ 代替 α.

即得

$\cos\alpha=2\cos^2\dfrac{\alpha}{2}-1$.

所以 $\cos^2\dfrac{\alpha}{2}=\dfrac{\cos\alpha+1}{2}$.　　(2)

将(1)(2)两式左右两边分别相除，即得

$$\tan^2\frac{\alpha}{2}=\frac{1-\cos\alpha}{1+\cos\alpha}.$$

注：代数式变换主要着眼于结构形式的变换，对于三角变换，由不同的三角函数式不仅会有结构形式方面的差异，还会有所包含的角，和这些角的三角函数种类方面的差

异，因三角恒等变换常常首先寻找式子所包含的各个角之间的联系，并为此依据选择可以联系它们的适当公式，这是三角式恒等变换的重要特点.

例 4　求函数 $y=\sin x+\sqrt{3}\cos x$ 的周期、最大值和最小值.

解　$y=\sin x+\sqrt{3}\cos x$

$$=2\left(\frac{1}{2}\sin x+\frac{\sqrt{3}}{2}\cos x\right)$$

$$=2\left(\sin x\cos\frac{\pi}{3}+\cos x\sin\frac{\pi}{3}\right)$$

$$=2\sin\left(x+\frac{\pi}{3}\right).$$

所以，所求的周期为 2π，最大值为 2，最小值为 -2.

知识运用

1. 求证.

(1) $\sin\alpha\sin\beta=\frac{1}{2}[\sin(\alpha+\beta)+\sin(\alpha-\beta)]$；

(2) $\sin\theta+\sin\varphi=2\sin\frac{\theta+\varphi}{2}\cos\frac{\theta-\varphi}{2}$.

2. $\tan 2\alpha=\frac{1}{3}$，求 $\tan\alpha$ 的值.

习题 5.8

A 组

1. 求下列各式的值.

(1) $\sin\frac{\pi}{12}\cos\frac{\pi}{12}$；　　(2) $\frac{1}{2}\sin 15^\circ\cos 15^\circ$；

(3) $1-2\sin^2 750^\circ$；　　(4) $\frac{2\tan 150^\circ}{1-\tan^2 150^\circ}$.

2. $\cos\frac{\alpha}{8}=-\frac{4}{5}$，$8\pi<\alpha<12\pi$，求 $\sin\frac{\alpha}{4}$，$\cos\frac{\alpha}{4}$，$\tan\frac{\alpha}{4}$.

3. 在$\triangle ABC$ 中，$\cos A=\frac{4}{5}$，$\tan B=2$，求 $\tan(2A+2B)$.

4. 已知 $\tan 2\alpha=\frac{1}{3}$，求 $\tan\alpha$.

5. 已知 $\sin(\pi-\alpha)=\frac{3}{5}$，求 $\cos 2\alpha$ 的值.

6. 求函数 $y=\cos x+\sin x$ 的周期、最大值和最小值.

B 组

1. 已知角 α 在第二象限，$\cos\frac{\alpha}{2}+\sin\frac{\alpha}{2}=-\frac{\sqrt{5}}{2}$，求 $\cos\frac{\alpha}{2}-\sin\frac{\alpha}{2}$.

2. 已知 $\sin 2\alpha=-\sin\alpha$，$\alpha\in\left(\frac{\pi}{2},\ \pi\right)$，求 $\tan\alpha$.

本章小结

一、本章知识结构

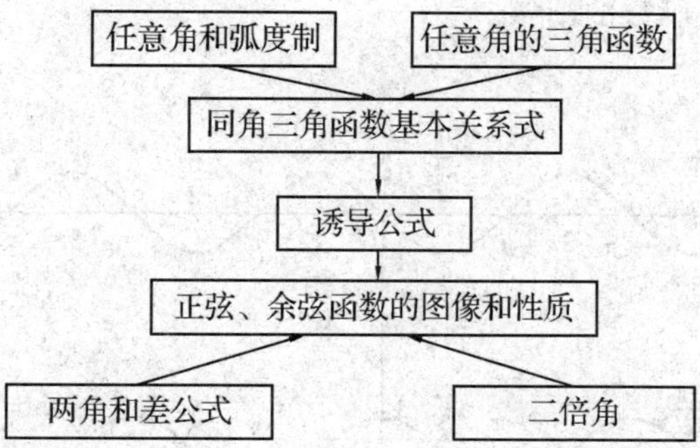

二、回顾与思考

1. 三角函数的基本概念

(1)任意角的概念、象限角、界限角和终边相同的角.

(2)弧度制.

角 α 的弧度数的绝对值是 $|\alpha|=\frac{1}{r}$.

(3)任意角的三角函数：在角 α 的终边上任取一个异于原点的点 $P(x,\ y)$，点 P 到原点的距离记为 $r\left(r=\sqrt{|x|^2+|y|^2}=\sqrt{x^2+y^2}>0\right)$，那么

$\sin\alpha=\frac{y}{r}$；$\cos\alpha=\frac{x}{r}$；$\tan\alpha=\frac{y}{x}$.

(4)三角函数的符号 .

α	Ⅰ	Ⅱ	Ⅲ	Ⅳ
$\sin\alpha$	+	+	−	−
$\cos\alpha$	+	−	−	+
$\tan\alpha$	+	−	+	−
$\cot\alpha$	+	−	+	−

(5)诱导公式：可用十个字概括为“奇变偶不变，符号看象限”.

诱导公式一：$\sin(\alpha+2k\pi)=\sin\alpha$；$\cos(\alpha+2k\pi)=\cos\alpha$，其中 $k\in\mathbf{Z}$.

诱导公式二：$\sin(180°+\alpha)=-\sin\alpha$；$\cos(180°+\alpha)=-\cos\alpha$.

诱导公式三：$\sin(-\alpha)=-\sin\alpha$；$\cos(-\alpha)=\cos\alpha$.

诱导公式四：$\sin(180°-\alpha)=\sin\alpha$；$\cos(180°-\alpha)=-\cos\alpha$.

(6)同角三角函数关系式.

$\sin^2\alpha+\cos^2\alpha=1$(平方关系)；　$\dfrac{\sin\alpha}{\cos\alpha}=\tan\alpha$(商数关系).

2. 三角函数的图像与性质

(1)正弦函数、余弦函数的图像.

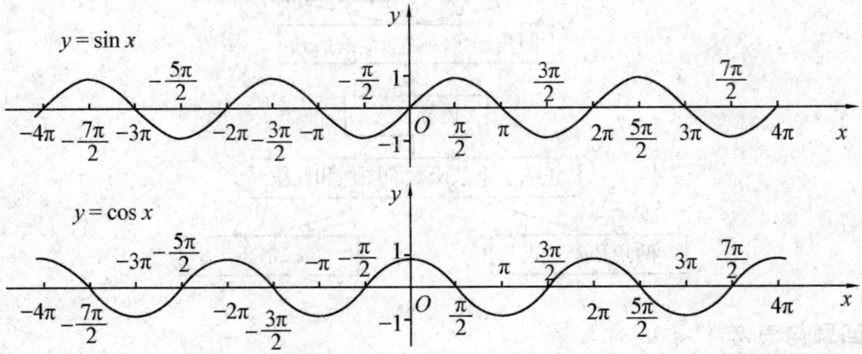

(2) $y=\sin x$ 的递增区间是 $\left[2k\pi-\dfrac{\pi}{2},\ 2k\pi+\dfrac{\pi}{2}\right]$($k\in\mathbf{Z}$)，递减区间是 $\left[2k\pi+\dfrac{\pi}{2},\ 2k\pi+\dfrac{3\pi}{2}\right]$($k\in\mathbf{Z}$)；

(3) $y=\cos x$ 的递增区间是 $[2k\pi-\pi,\ 2k\pi]$($k\in\mathbf{Z}$)，递减区间是 $[2k\pi,\ 2k\pi+\pi]$($k\in\mathbf{Z}$).

3. 三角恒等变换

(1)两角和与差的三角函数.

$\sin(\alpha\pm\beta)=\sin\alpha\cos\beta\pm\cos\alpha\sin\beta$；

$\cos(\alpha\pm\beta)=\cos\alpha\cos\beta\mp\sin\alpha\sin\beta$；

$\tan(\alpha\pm\beta)=\dfrac{\tan\alpha\pm\tan\beta}{1\mp\tan\alpha\tan\beta}$.

(2)二倍角公式.

$\sin 2\alpha=2\sin\alpha\cos\alpha$；

$\cos 2\alpha=\cos^2\alpha-\sin^2\alpha=2\cos^2\alpha-1=1-2\sin^2\alpha$；

$\tan 2\alpha=\dfrac{2\tan\alpha}{1-\tan^2\alpha}$.

复习题 5

A 组

1. 选择题.

(1)设圆的半径为 r，则弧长为 $2r$ 的圆弧所对的圆心角为(　　).

A. 2　　B. 2π　　C. $\dfrac{2}{\pi}$　　D. $\dfrac{\pi}{2}$

(2)终边在第二象限角的集合可以表示为(　　).

A. $\{\alpha \mid 90^\circ < \alpha < 180^\circ\}$

B. $\{\alpha \mid 90^\circ + k \cdot 180^\circ < \alpha < 180^\circ + k \cdot 180^\circ,\ k \in \mathbf{Z}\}$

C. $\{\alpha \mid -270^\circ + k \cdot 180^\circ < -180^\circ + k \cdot 180^\circ,\ k \in \mathbf{Z}\}$

D. $\{\alpha \mid -270^\circ + k \cdot 360^\circ < -180^\circ + k \cdot 360^\circ,\ k \in \mathbf{Z}\}$

(3)与 160° 角终边相同的角是(　　).

A. 60°　　B. 220°　　C. 880°　　D. -120°

(4)在半径为 2 的圆中，长度为 6 的圆弧所对圆心角 α 的大小是(　　).

A. 2 rad　　B. 4 rad　　C. 3 rad　　D. $\frac{1}{4}$ rad

(5)已知 α 的终边经过点$(-1,\sqrt{3})$，则 $\cos\alpha$ 的值是(　　).

A. $-\frac{1}{2}$　　B. $-\frac{\sqrt{2}}{2}$　　C. $-\frac{\sqrt{3}}{2}$　　D. $-\sqrt{2}$

(6)设 $\sin\alpha<0$，$\tan\alpha>0$，则角 α 是(　　).

A. 第一象限角　　B. 第二象限角

C. 第三象限角　　D. 第四象限角

2. 填空题.

(1)一弧长为 15 cm，所在圆的半径为 6 cm，则其所对的圆心角为________；

(2)函数 $y=\sin\frac{\pi}{12}x\cos\frac{\pi}{12}$的最大值为________；

(3)函数 $y=2\sin\left(\frac{x}{2}+\frac{\pi}{6}\right)$的最小正周期为________，最大值________；

(4)函数 $y=4\sin x+3\cos x$ 的最大值是________；

(5)$\sin(45^\circ-\alpha)\cos\alpha+\cos(45^\circ-\alpha)\sin\alpha$ 的值为________.

3. 解答题.

(1)把下列各角用角度制表示.

$\frac{10\pi}{3}$；$-\frac{7\pi}{4}$；$\frac{22\pi}{6}$.

(2)已知角 α 的终边上一点 $P(-1,-1)$，求 $\sin\alpha$，$\cos\alpha$ 和 $\tan\alpha$ 的值.

(3)计算 $\sin\frac{5}{3}\pi+\cos\left(-\frac{5}{6}\pi\right)+\tan\left(-\frac{5}{4}\pi\right)$.

(4)已知 $\cos\alpha=-\frac{1}{2}$，求 $\sin\alpha$ 和 $\tan\alpha$.

B 组

1. 计算下列各式.

(1)$\sin^2\alpha+\sin^2\beta-\sin^2\alpha\sin^2\beta+\cos^2\alpha\cos^2\beta=$________；

(2)$6\sin 180^\circ-7\cos 0^\circ+4\sin 90^\circ-3\cos 90^\circ$.

2. 证明：$\sin^4\alpha-\cos^4\alpha=2\sin^2\alpha-1$.

3. 若 $\cos\alpha=0.7$，求 $\cos(3\pi-\alpha)$.

4. 已知 $\sin 2\alpha=\frac{12}{13}$，且 $\frac{\pi}{4}<\alpha<\frac{\pi}{2}$，求 $\sin 4\alpha$，$\cos 4\alpha$，$\tan 4\alpha$ 的值.

阅读欣赏

潮汐是沿海地区的一种自然现象，古代称白天的潮汐为“潮”，晚上的称为“汐”，合称为“潮汐”，它的发生和太阳、月球都有关系，也和我国传统农历对应．在农历每月的初一即朔点时刻，太阳和月球在地球的一侧，就有了最大的引潮力，所以会引起“大潮”；在农历每月的十五或十六附近，太阳和月亮在地球的两侧，太阳和月球的引潮力你推我拉也会引起“大潮”；在月相为上弦和下弦，即农历的初八和二十三时，太阳引潮力和月球引潮力互相抵消了一部分所以就发生了“小潮”，故农谚中有“初一十五涨大潮，初八二十三到处见海滩”之说．由于月球每天在天球上东移 13°多，合计为 50 分钟左右，即每天月亮上中天时刻（为 1 太阴日＝24 时 50 分）推迟 50 分钟左右（下中天也会发生潮水每天一般都有两次潮水），故每天涨潮的时刻也推迟 50 分钟左右．但由于月球和太阳运动的复杂性，大潮有时可能推迟一天或几天，一太阴日间的高潮也往往落后于月球上中天或下中天时刻一小时或几小时，有的地方一太阴日就发生一次潮汐．故每天的涨潮退潮时间都不一样，间隔也不同．

因月球引力的变化引起潮汐现象，潮汐导致海水平面周期性地升降，因海水涨落及潮水流动所产生的能量成为潮汐能．潮汐能是以势能形态出现的海洋能，是指海水潮涨和潮落形成的水的势能与动能．不过潮汐能尽管蕴含的能量很高，但是由于其局限性只适合海边城市，中国未来还是主要以核能和太阳能为发展重点．

第 6 章　解三角形

通过对勾股定理、三角函数等与三角形有关的知识的学习，我们发现每一个三角形的边与角之间都存在着一定的数量关系．例如，当建筑师将房屋顶端设计成等腰三角形时，确定了底边和腰的长度，底角应为多少度才能使搭建的屋顶既美观又稳固．运用本章的知识就能解决这个问题．

6.1 正弦定理与余弦定理

6.1.1　正弦定理

问题探索

我们知道三角形中有大边对大角，小边对小角的边角关系，我们是否能得到边、角关系准确量化的表示呢？

在△ABC 中，如果已知∠A 所对的边 BC 长为 a，∠B 所对的边 AC 长为 b，∠C 所对的边 AB 的长为 c，我们研究∠A，∠B，∠C，a，b，c 之间有怎样的数量关系.

我们分别用 a，b，c 表示△ABC 的边 BC，CA，AB，用 A，B，C 表示∠BAC，∠CBA，∠ACB(图 6-1).

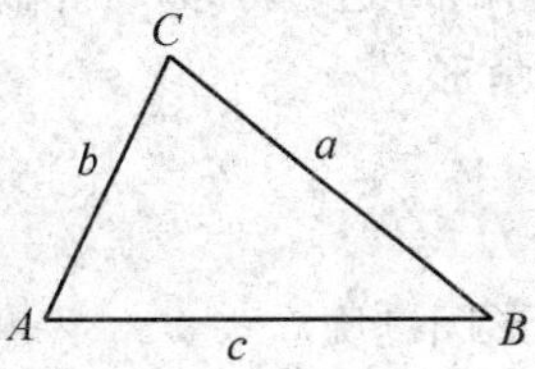

图 6-1

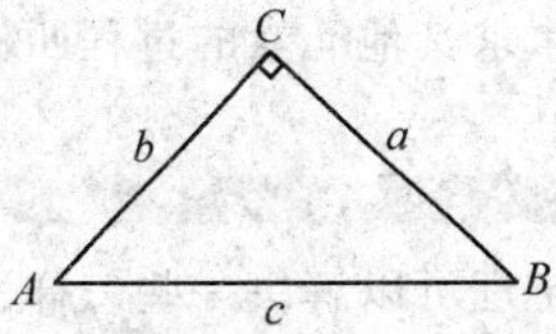

图 6-2

我们先从特殊的三角形开始研究.

若△ABC 是直角三角形，且 $C=90°$，如图 6-2 所示，则由

$\sin A=\frac{a}{c}$，$\sin B=\frac{b}{c}$，

可知$\frac{a}{\sin A}=\frac{b}{\sin B}=c$.

因为 $C=90°$，$\sin C=1$.

所以$\frac{a}{\sin A}=\frac{b}{\sin B}=\frac{c}{\sin C}$.

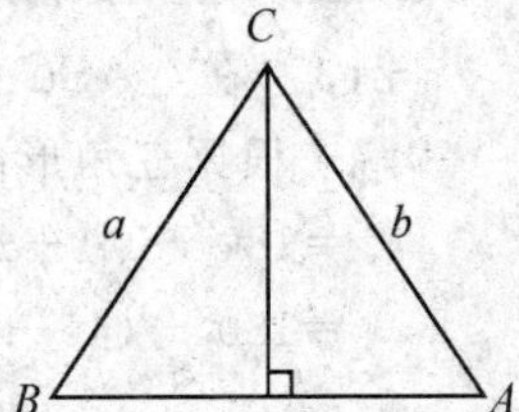

图 6-3

这个优美的关系式对等边三角形无疑也成立，对其他的三角形是否成立呢？

如图 6-3，当△ABC 是锐角三角形时，设边 AB 上的高是 CD，根据三角函数的定义，

$CD=a\sin B$，

$CD=b\sin A$.

所以 $a\sin B=b\sin A$.

得到$\frac{a}{\sin A}=\frac{b}{\sin B}$.

同理，在△ABC 中，

$$\frac{b}{\sin B}=\frac{c}{\sin C}.$$

思 考

当△ABC是钝角三角形时，以上等式仍然成立吗？

从上面的讨论和探究，我们得到下面的定理.

知识链接

正弦定理 在一个三角形中，各边和它所对角的正弦的比相等，即

$$\frac{a}{\sin A}=\frac{b}{\sin B}=\frac{c}{\sin C}. \tag{6.1.1}$$

正弦定理指出了任意三角形中三条边与对应角的正弦之间的一个关系式，并且非常好地描述了任意三角形中边与角的一种数量关系.

一般地，把三角形的三个角A，B，C和它们的对边a，b，c叫做三角形的元素. 已知三角形的几个元素求其他元素的过程叫做**解三角形**.

思 考

我们利用正弦定理可以解决一些怎样的三角形问题呢？

分析正弦定理可知，如果已知三角形的任意两个角与一条边，由三角形内角和定理，可以计算出三角形的另一角，并且由正弦定理计算出三角形的另两边；如果已知三角形的任意两边与其中一边的对角，应用正弦定理，可以计算出另外一边的对角的正弦值，进而确定这个角和三角形其他的边和角.

知识巩固

例 1 在△ABC中，已知$A=45°$，$B=75°$，$BC=8$，解三角形.

解 根据三角形内角和定理，

$C=180°-(A+B)$

$\quad=180°-(45°+75°)$

$\quad=60°$.

$a=BC=8$

根据正弦定理，

$$AC=b=\frac{a\sin B}{\sin A}=\frac{8\sin 75°}{\sin 45°}=4+4\sqrt{3}.$$

根据正弦定理，

$$AB=c=\frac{a\sin C}{\sin A}=\frac{8\sin 60°}{\sin 45°}=4\sqrt{6}.$$

例 2 在△ABC中，已知$BC=4$，$AC=4\sqrt{3}$，$A=30°$，解三角形.

解 在△ABC中，$a=BC=4$，$b=AC=4\sqrt{3}$，根据正弦定理，

$$\sin B=\frac{b\sin A}{a}=\frac{4\sqrt{3}\sin 30^\circ}{4}=\frac{\sqrt{3}}{2}.$$

因为 $0^\circ<B<180^\circ$，所以 $B=60^\circ$，或 $B=120^\circ$.

(1)当 $B=60^\circ$时，

$C=180^\circ-(A+B)=180^\circ-(30^\circ+60^\circ)=90^\circ$.

$AB=c=\dfrac{a\sin C}{\sin A}=\dfrac{4\sin 90^\circ}{\sin 30^\circ}=8$.

(2)当 $B=120^\circ$时，

$C=180^\circ-(A+B)=180^\circ-(30^\circ+120^\circ)=30^\circ$.

$AB=c=\dfrac{a\sin C}{\sin A}=\dfrac{4\sin 30^\circ}{\sin 30^\circ}=4$.

知识运用

1. 在$\triangle ABC$中，已知下列条件，解三角形.

(1)$A=45^\circ$，$C=30^\circ$，$AB=10$；

(2)$A=60^\circ$，$B=45^\circ$，$AB=20$.

2. 在$\triangle ABC$中，已知下列条件，解三角形.

(1)$BC=12$，$AB=8$，$B=60^\circ$；

(2)$BC=4$，$AB=2$，$B=30^\circ$.

6.1.2　余弦定理

问题探索

如果已知一个三角形的两条边及其所夹的角，根据三角形全等的判定方法，这个三角形是大小、形状完全确定的三角形．我们仍然从量化的角度来研究这个问题，也是研究如何从已知的两边和它们的夹角计算出三角形另一边的问题.

先考虑怎样计算出三角形第三条边的长．这就是要研究如何用已知的两条边及其所夹的角来表示第三条边的问题.

如果已知三角形的两边的长 $BC=a$，$AC=b$，边 BC 和边 AC 所夹的角是 C，我们要设法找出一个已知的 a，b 和 C 与第三条边 c 之间的一个关系式，或用已知的 a，b 和 C 表示第三条边 c 的一个公式.

分析　接下来我们利用向量来研究.

如图 6-4 所示，根据向量的数量积，可以得到

$$\begin{aligned}a^2&=\overrightarrow{BC}\cdot\overrightarrow{BC}\\&=(\overrightarrow{AC}-\overrightarrow{AB})\cdot(\overrightarrow{AC}-\overrightarrow{AB})\\&=\overrightarrow{AC}^2-2\overrightarrow{AC}\cdot\overrightarrow{AB}+\overrightarrow{AB}^2\\&=\overrightarrow{AC}^2-2|\overrightarrow{AC}|\cdot|\overrightarrow{AB}|\cos A+\overrightarrow{AB}^2\end{aligned}$$

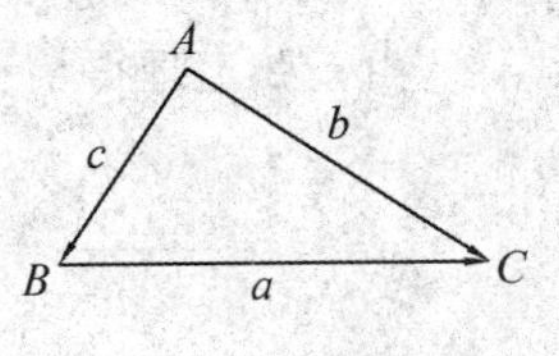

图 6-4

$=b^2-2bc\cos A+c^2$

即 $a^2=b^2+c^2-2bc\cos A$.

同理可证，

$b^2=c^2+a^2-2ca\cos B$；

$c^2=a^2+b^2-2ab\cos C$.

由此得到下面的定理.

知识链接

余弦定理　三角形中任何一边的平方等于其他两边的平方的和减去这两边与它们的夹角的余弦的积的两倍. 即

$$\begin{aligned}&\boldsymbol{a^2=b^2+c^2-2bc\cos A};\\&\boldsymbol{b^2=c^2+a^2-2ca\cos B};\\&\boldsymbol{c^2=a^2+b^2-2ab\cos C}.\end{aligned}\tag{6.1.2}$$

应用余弦定理，我们就可以从已知的两边和夹角计算出三角形的第三边.

思考：余弦定理指出了三角形的三条边与其中的一个角之间的关系，应用余弦定理，我们可以解决已知三角形的三边确定三角形的角的问题，怎么确定呢？

从余弦定理，可以得到它的推论：

$$\begin{aligned}&\boldsymbol{\cos A=\frac{b^2+c^2-a^2}{2bc}};\\&\boldsymbol{\cos B=\frac{c^2+a^2-b^2}{2ca}};\\&\boldsymbol{\cos C=\frac{a^2+b^2-c}{2ab}}.\end{aligned}\tag{6.1.3}$$

应用以上推论，就可以从三角形的三边计算出三角形的三个角.

例 3　在△ABC 中，已知 $AC=3$，$AB=2\sqrt{3}$，$A=30°$，解三角形.

解　$b=AC=3$，$C=AB=2\sqrt{3}$，根据余弦定理，

$$\begin{aligned}a^2&=b^2+c^2-2bc\cos A\\&=3^2(2\sqrt{3})^2-2\times3\times2\sqrt{3}\times\cos 30°\\&=9+12-12\sqrt{3}\times\frac{\sqrt{3}}{2}\\&=3.\end{aligned}$$

所以 $a=\sqrt{3}$.

由正弦定理得，

$$\sin C=\frac{c\sin A}{a}=\frac{2\sqrt{3}\times\sin 30°}{\sqrt{3}}=\frac{2\sqrt{3}\times\frac{1}{2}}{\sqrt{3}}=1.$$

所以 $C=90°$.

$B=180°-(A+C)=180°-(30°+90°)=60°$.

例 4　在$\triangle ABC$中，已知$BC=\sqrt{6}$，$AC=2$，$AB=\sqrt{3}+1$，解三角形.

解　由余弦定理的推论得

$$\begin{aligned}\cos A &= \frac{b^2+c^2-a^2}{2bc}\\ &= \frac{2^2+(\sqrt{3}+1)^2-(\sqrt{6})^2}{2\times 2\times(\sqrt{3}+1)}\\ &= \frac{1}{2}.\end{aligned}$$

$A=60°$.

$$\begin{aligned}\cos B &= \frac{c^2+a^2-b^2}{2ca}\\ &= \frac{(\sqrt{3}+1)^2+(\sqrt{6})^2-2^2}{2\times(\sqrt{3}+1)\times\sqrt{6}}\\ &= \frac{\sqrt{2}}{2}.\end{aligned}$$

$B=45°$.

$$\begin{aligned}C &= 180°-(A+B)=180°-(60°+45°)\\ &= 75°.\end{aligned}$$

思考：我们讨论的解三角形的问题可以分为几种类型？分别是怎样求解的？要求解三角形，是否必须已知三角形一边的长.

知识运用

1. 在$\triangle ABC$中，已知下列条件，解三角形.

(1)$a=2$，$b=3$，$C=45°$；

(2)$b=12$，$c=15$，$A=60°$.

2. 在$\triangle ABC$中，已知下列条件，解三角形.

(1)$a=7$，$b=5$，$c=3$；

(2)$a=\sqrt{3}$，$b=1$，$c=2$.

6.1.3　面积公式

知识链接

借助于正余弦定理，我们可以用其来解决以前我们学习过的和三角形有关的问题.

在$\triangle ABC$中，边BC，CA，AB上的高分别记为h_a，h_b，h_c，那么容易证明：

$$h_a=b\sin C=c\sin B;$$
$$h_b=c\sin A=a\sin C;$$
$$h_c=a\sin B=b\sin A.$$

根据三角形的面积计算公式 $S=\frac{1}{2}ah$，应用以上高的公式 $h_a=b\sin C$，可以推导出下面的三角形的**面积公式**：

$$\boldsymbol{S=\frac{1}{2}ab\sin C.} \tag{6.1.4}$$

同理：

$$\boldsymbol{S=\frac{1}{2}bc\sin A;}$$

$$\boldsymbol{S=\frac{1}{2}ca\sin B.}$$

知识巩固

例 5 在$\triangle ABC$中，根据下列条件，求三角形的面积 S.

(1)在$\triangle ABC$中，$AC=8$，$AB=4$，$A=30°$；

(2)在$\triangle ABC$中，$A=45°$，$B=60°$，$AB=2$.

解 (1)应用 $S=\frac{1}{2}bc\sin A$，得

$S=\frac{1}{2}\times 8\times 4\times \sin 30°=8$.

(2)$C=180°-(A+B)=75°$. 由正弦定理，得

$$\frac{c}{\sin C}=\frac{a}{\sin A}.$$

所以 $a=\frac{c\sin A}{\sin C}=\frac{2\times \sin 45°}{\sin 75°}=2\sqrt{3}-2$.

由 $S=\frac{1}{2}ca\sin B$ 得，

$S=\frac{1}{2}\times 2\times (2\sqrt{3}-2)\sin 60°=3-\sqrt{3}$.

知识运用

在$\triangle ABC$中，根据下列条件计算三角形的面积.

(1)已知 $a=18$，$c=25$，$B=135°$；

(2)已知 $B=60°$，$C=75°$，$b=16$；

(3)已知三边长分别为 $a=44$，$b=23$，$c=37$.

习题 6.1

A 组

1. 选择题.

(1)在$\triangle ABC$中，$B=30°$，$C=60°$，$AB=\sqrt{3}$，则 $AC=($　　$)$.

A. 2　　　　B. 3　　　　C. 1　　　　D. $\frac{1}{2}$

(2)在$\triangle ABC$中，$BC=3$，$AC=2$，$C=60°$，则边$c=$(　　).

A. 7　　B. $\sqrt{7}$　　C. $\sqrt{11}$　　D. 11

3. 在$\triangle ABC$中，已知$AB=3$，$BC=4$，$B=150°$，则$S_{\triangle ABC}=$(　　).

A. 3　　B. $3\sqrt{3}$　　C. $-3\sqrt{3}$　　D. -3

2. 填空题.

(1)在$\triangle ABC$中，已知周长为 10，$AB=2$，$BC=4$，$\sin A=\frac{1}{3}$，则$\sin B=$________；

(2)在$\triangle ABC$中，$AB=\sqrt{37}$，$AC=2$，$BC=4$，则$\sin C=$________；

(3)在$\triangle ABC$中，已知$S_{\triangle ABC}=4$，$BC=\sqrt{2}$，$B=45°$，则$AB=$________.

3. 计算题.

(1)在$\triangle ABC$中，已知$A=30°$，$B=105°$，$BC=\sqrt{2}$，求AB；

(2)在$\triangle ABC$中，已知$BC=7$，$AC=3$，$AB=5$，求$\sin A$；

(3)在$\triangle ABC$中，$A=45°$，$B=60°$，$AB=2$，求$\triangle ABC$的面积.

B 组

1. 在$\triangle ABC$中，已知$B=135°$，$AB=\sqrt{2}$，$AC=\sqrt{5}$，求BC.

2. 在$\triangle ABC$中，a，b，c分别是角A，B，C的对边，若$a=4$，$b=5$，$S_{\triangle ABC}=5\sqrt{3}$.

(1)边c的长；

(2)边c上的高.

3. 在$\triangle ABC$中，已知$S_{\triangle ABC}=4$，$BC=\sqrt{2}$，$B=45°$，求三角形的周长.

4. 在$\triangle ABC$中，已知$B=\frac{\pi}{3}$，$AC=4$，$S_{\triangle ABC}=\sqrt{3}$，求$AB$，$BC$.

6.2 解三角形的应用举例

三角形在我们的日常生活中随处可见，在生活中的应用也很普遍，而我们前面学习的正余弦定理有着重要的作用．下面举例说明.

知识巩固

例 1　自动卸货汽车采用液压机构，设计时需要计算油泵顶杠BC的长度，如图 6-5 所示，已知车厢的最大仰角为$60°$(指车厢AC与水平线的夹角)，油泵顶点B与车厢支点A之间的距离为 1.95 m，AB与水平线之间的夹角为$6°20'$，AC长为 1.4 m，计算BC的长度(结果精确到 0.1 m).

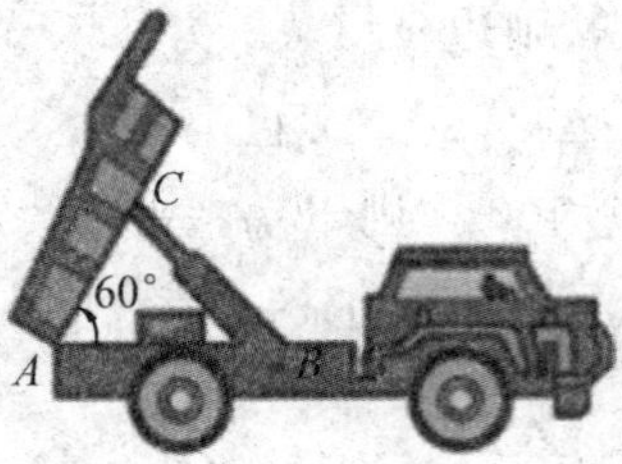

图 6-5

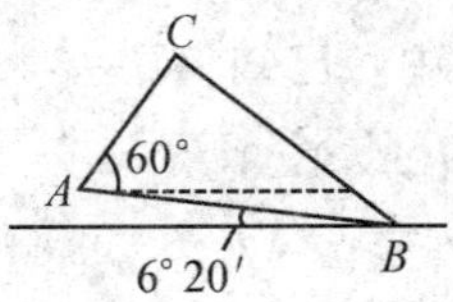

图 6-6

分析 这个问题就是在△ABC 中（图 6-6），已知 $AB=1.95$ m，$AC=1.4$ m，$\angle BAC=60°+6°20'=66°20'$，求 BC 的长.

解 由余弦定理，得

$$BC^2=AB^2+AC^2-2AB\cdot AC\cos A$$
$$=1.95^2+1.4^2-2\times1.95\times1.4\cos 66°20'$$
$$\approx3.57.$$

所以 $BC\approx1.89$(m).

即顶杆 BC 约长 1.89 m.

例 2 如图 6-7，设 A，B 两点在河的两岸，要测量两点之间的距离．测量者在 A 的同侧，在所在的河岸边选一点 C，测出 AC 的距离是 55 m，$\angle BAC=51°$，$\angle ACB=75°$，求 A，B 两点间的距离(结果精确到 0.1 m).

分析 所求的边 AB 的对角是已知的，又已知三角形的一边 AC，根据三角形内角和定理可计算出边 AC 的对角，根据正弦定理可以计算出边 AB.

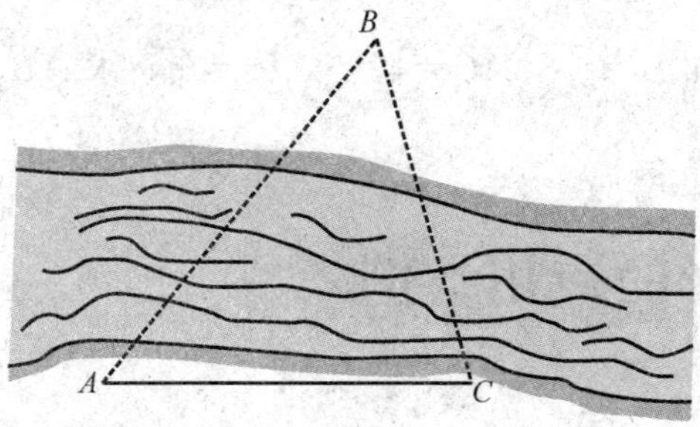

图 6-7

解 根据正弦定理，得

$$\frac{AB}{\sin\angle ACB}=\frac{AC}{\sin\angle ABC}$$

$$AB=\frac{AC\sin\angle ACB}{\sin\angle ABC}$$
$$=\frac{55\sin\angle ACB}{\sin\angle ABC}$$
$$=\frac{55\sin 75°}{\sin(180°-51°-75°)}$$
$$=\frac{55\sin 75°}{\sin 54°}$$

$\approx 65.7(\mathrm{m})$.

即 A，B 两点间的距离为约 65.7 m.

例 3　如图 6-8，两点 C，D 与烟囱底部在同一水平直线上，在点 C_1，D_1，利用高为 1.5 m 的测角仪器，测得烟囱的仰角分别为 $\alpha=45°$，$\beta=60°$，C，D 间的距离是 12 m. 计算烟囱的高 AB(结果精确到 0.01 m).

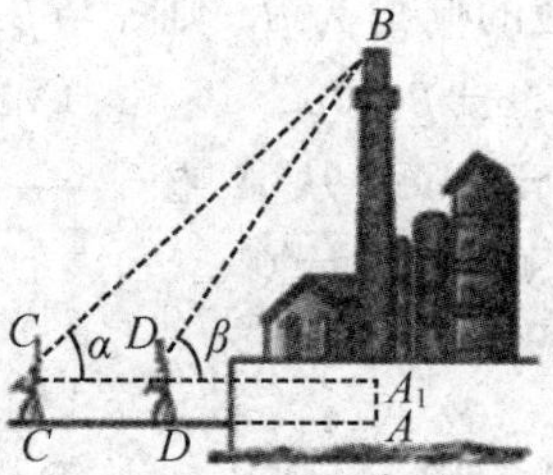

图 6-8

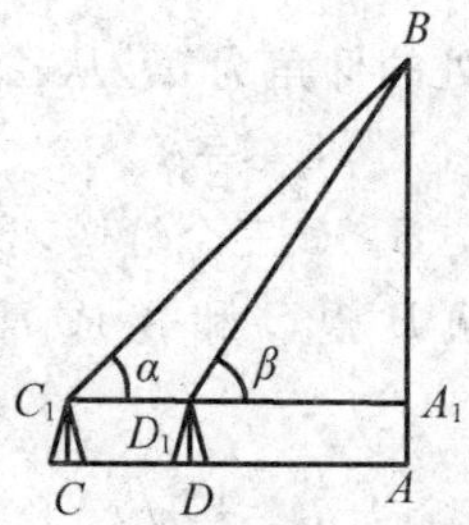

图 6-9

分析　如图 6-9 所示，因为 $AB=AA_1+A_1B$，又已知 $AA_1=1.5$ m，所以只要求出 A_1B 即可.

解　在 $\triangle BC_1D_1$ 中，$\angle BD_1C_1=180°-60°=120°$，

$\angle C_1BD_1=60°-45°=15°$，由正弦定理，得

$$\frac{C_1D_1}{\sin\angle C_1BD_1}=\frac{BC_1}{\sin\angle BD_1C_1}.$$

$$BC_1=\frac{C_1D_1\sin\angle BD_1C_1}{\sin\angle C_1BD_1}=\frac{12\sin 120°}{\sin 15°}=(18\sqrt{2}+6\sqrt{6})(\mathrm{m}).$$

从而 $A_1B=\frac{\sqrt{2}}{2}BC_1=18+6\sqrt{3}\approx 28.392(\mathrm{m})$.

因此 $AB=A_1B+AA_1\approx 28.392+1.5=29.892\approx 29.89(\mathrm{m})$.

即烟囱的高约为 29.89 m.

知识运用

1. 某观察站 B 在 A 城的南偏西 20°的方向，由 A 出发的一条公路走向是南偏东 40°，在 B 处测得公路上距离 B 31 km 的 C 处有一人正沿公路向 A 城走去，走了 20 km 之后到达 D 处，此时 B，D 间的距离为 21 km，这个人还要走多久才能到达 A 城?

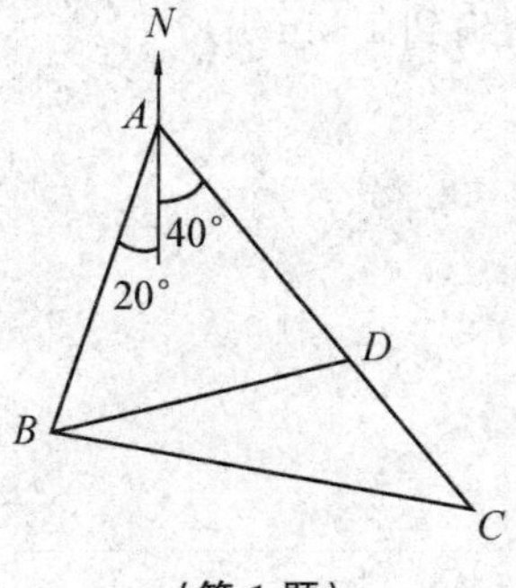

(第 1 题)

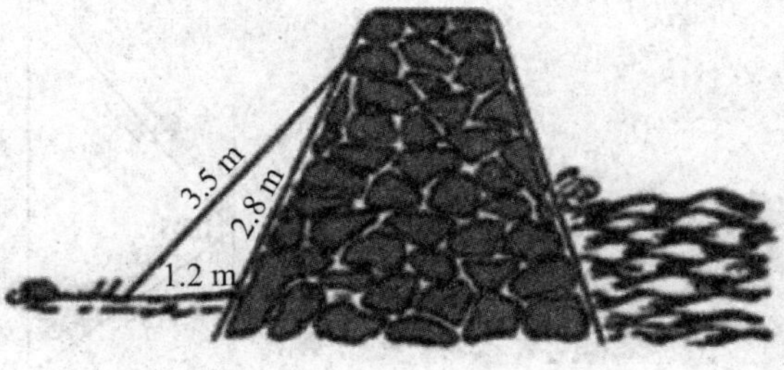

(第 2 题)

2. 3.5 m 长的棒斜靠在石堤旁，棒的一端在离堤足 1.2 m 的地面上，另一端在沿堤上 2.8 m 的地方，求堤对地面的倾斜角 α.

习题 6.2

A 组

1. 从甲处望乙处的仰角为 α，从乙处望甲处的俯角为 β，则 α 与 β 的关系为（　　）.

A. $\alpha>\beta$　　B. $\alpha=\beta$　　C. $\alpha+\beta=90°$　　D. $\alpha+\beta=180°$

2. 海上面有 A，B，C 三个灯塔，$AB=10$ n mile，从 A 望 C 和 B 成 60°视角，从 B 望 C 和 A 成 75°视角，则 $|BC|=$（　　）n mile.

> 说明
> n mile 表示海里，1 n mile＝1852 m.

A. $10\sqrt{3}$　　B. $\dfrac{10\sqrt{6}}{3}$　　C. $5\sqrt{2}$　　D. $5\sqrt{6}$

3. 如图为一角槽示意图，已知 $AB\perp AD$，$AB\perp BE$，并量得 $AB=85$ mm，$BC=78$ mm，$BC=78$ mm，$AC=32$ mm，则 $\alpha=$________，$\beta=$________（精确到 0.1°）.

4. 为了测量上海东方明珠的高度，某人站在 A 处测得塔尖的仰角为 75.5°，前进 38.5 m 后，到达 B 处测得塔尖的仰角为 80.0°，试计算东方明珠塔的高度（精确到 1 m）.

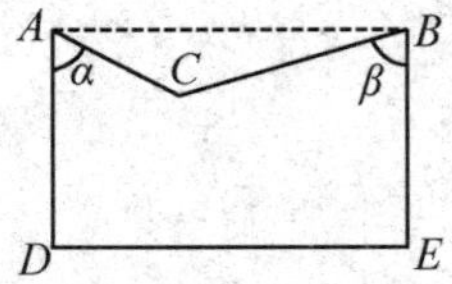

（第 3 题）

（第 4 题）

B 组

1. 如图，某日中午 12:00 甲船以 24 km/h 的速度沿北偏东 40°的方向驶离码头 P，下午 3:00 到达 Q 地，下午 1:00 乙船沿北偏东 125°的方向匀速驶离码头 P，下午 3:00 到达 R 地．若 R 在 Q 的正南方向，则乙船的航行速度是多少（精确到 1 km/h）?

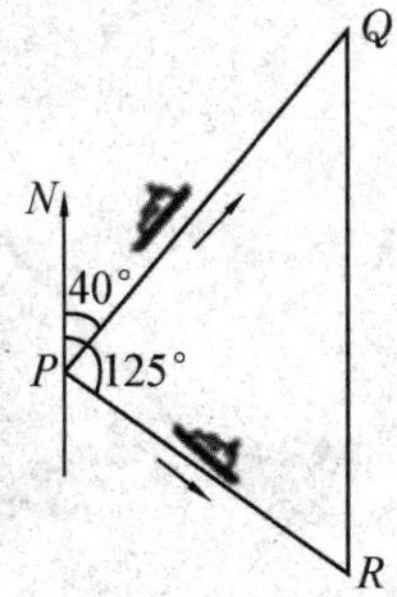

（第 1 题）

2. 如图，飞机的航线和山顶在同一个垂直平面内，已知飞机的高度为海拔 20250 m，速度为 189 km/h，飞行员先看到山顶的俯角为 $18°30'$，经过 960 s 后，又看到山顶的俯角为 $81°$，求山顶的海拔高度(结果精确到 1 m).

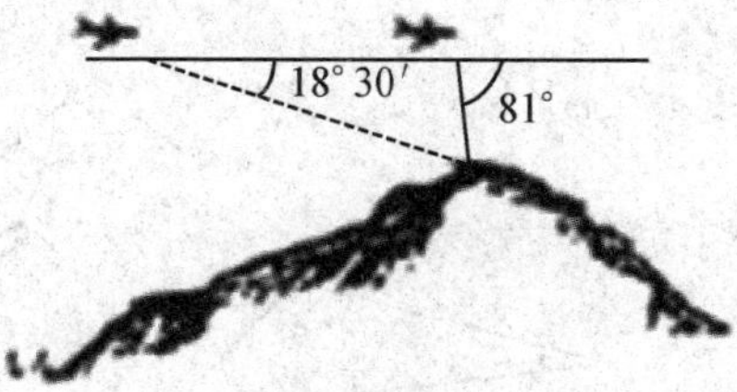

(第 2 题)

本章小结

一、本章知识结构

二、回顾与思考

1. 本章学习了两个在解三角形中起重要作用的定理.

正弦定理　在一个三角形中，各边和它所对角的正弦的比相等，即

$$\frac{a}{\sin A}=\frac{b}{\sin B}=\frac{c}{\sin C}.$$

余弦定理　三角形中任何一边的平方等于其他两边的平方和减去这两边与它们的角的余弦的积的两倍．即

$$a^2=b^2+c^2-2bc\cos A;$$
$$b^2=c^2+a^2-2ca\cos B;$$
$$c^2=a^2+b^2-2ab\cos C.$$

2. 从三角形的已知元素求出三角形的位置元素的过程叫做解三角形．解三角形常常借助于正弦定理和余弦定理.

在解三角形中应用两个定理要注意些什么问题?

3. 解三角形知识的产生主要受到天文测量、航海测量、地理测量等实践活动的推动.

4. 同学们可以结合初中的知识归纳测量河流宽度和物体高度的方法，并思考它们适用的范围有哪些不同。

复习题 6

A 组

1. 选择最佳方法求下列图中的 x(角度精确到 1°,边长精确到 0.1).

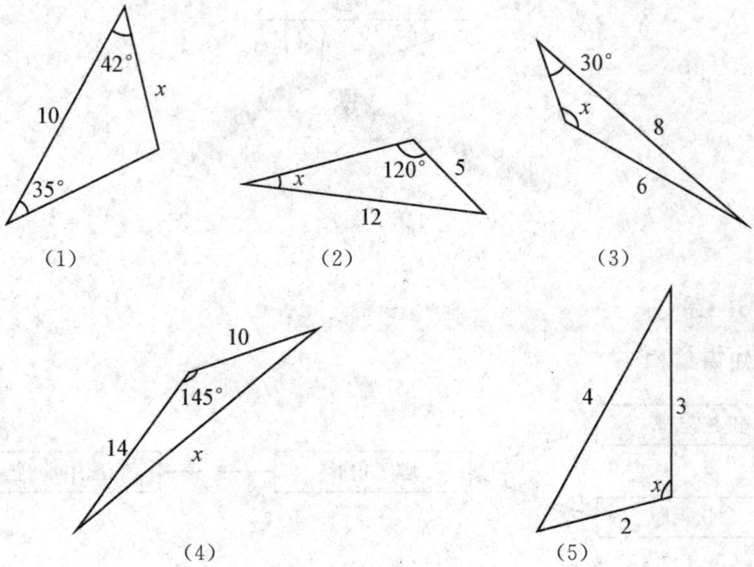

(第 1 题)

2. 在$\triangle ABC$中,若 $A=120^\circ$,$AB=5$,$BC=7$,则$\triangle ABC$的面积是多少?

3. 海中一小岛,周围 3.8 n mile 内有暗礁,海轮由西向东航行,望见这岛在北偏东 75°,航行 8 n mile 以后,望见这岛在北偏东 60°,如果这艘海轮不改变航向继续航行,有没有触礁的危险?

4. 如图,在铁路建设中需要确定隧道的长度和隧道两端的施工方向,已测得隧道两端的两点 A,B 到某一点 C 的距离 a,b,$\angle ACB=\alpha$,求 A,B 两点之间的距离,以及$\angle ABC$,$\angle BAC$.

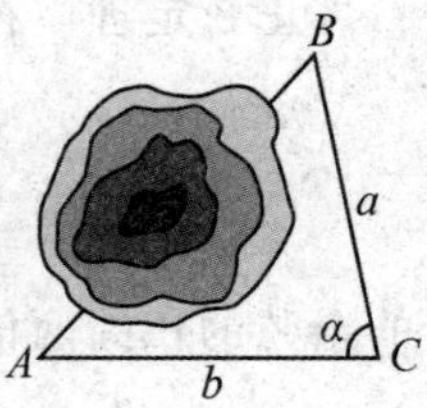

(第 4 题)

5. 如果你在海上航行,请你设计一种测量海上两个小岛之间距离的方法.

B 组

1. 已知一足球的半径为 R(约 15 cm),在球面标注经纬度,A 点在东经 α_1,北纬 β_1,B 点在东经 α_2,北纬 β_2,求这两点之间的球面距离.

2. 如图,O 是正方形 $ABCD$ 内一点,且$\angle OBC=\angle OCB=15^\circ$,求证:$\triangle AOD$是等边三角形.

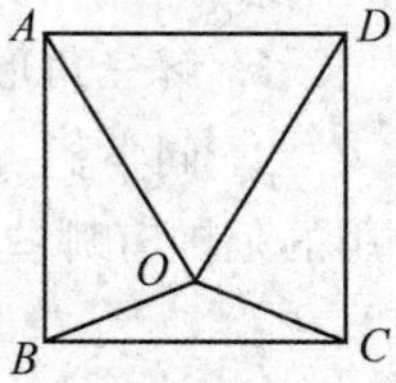

(第 2 题)

3. 设 A,B 是两个底部不可到达的建筑物的顶尖,设计测量两者距离的方法.

阅读欣赏

解拿破仑三角形

拿破仑·波拿巴(Napoléon Bonaparte，1769—1821)，大家应该非常熟悉，可是你知道吗，他在数学上也颇有建树.

下面要说的拿破仑三角形，曾经令拉普拉斯敬佩不已.

这个三角形是这样的：

在任意一个三角形的三条边上分别向外做出三个等边三角形，则这三个等边三角形的中心也构成一个等边三角形．这个由三个等边三角形中心构成的三角形称"外拿破仑三角形". 如图 6-10 中的$\triangle A'B'C'$就是$\triangle ABC$的外拿破仑三角形.

在任意一个三角形的三条边上分别向内做出三个等边三角形，则这三个等边三角形的中心仍能构成一个等边三角形，这个由三个等边三角形中心构成的三角形称"内拿破仑三角形".

如图 6-10，设三个正三角形的中心分别为 O_1，O_2，O_3，要证明$\triangle O_1O_2O_3$ 为正三角形.

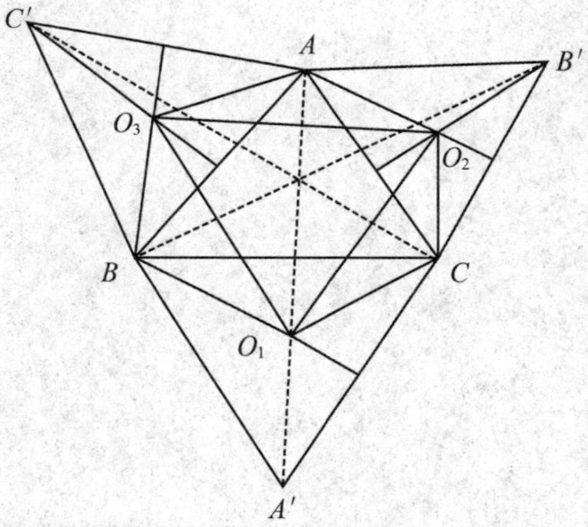

图 6-10

设 $AC=b$，$BC=a$，$AB=c$，$S_{\triangle ABC}=s$，

则 $AO_3=\dfrac{c}{\sqrt{3}}$，$AO_2=\dfrac{b}{\sqrt{3}}$，$AO_1=\dfrac{a}{\sqrt{3}}$，$\angle O_3AO_2=\angle BAC+60°$，

$$O_2O_3=\left(\frac{C}{\sqrt{3}}\right)^2+\left(\frac{b}{\sqrt{3}}\right)^2-2\cdot\frac{c}{\sqrt{3}}\cdot\frac{b}{\sqrt{3}}\cos(60°+\angle BAC)$$

$$=\frac{1}{3}[b^2+c^2-2bc(\cos\angle BAC\cos 60°-\sin\angle BAC\sin 60°)]$$

$$=\frac{1}{3}\left[b^2+c^2-(b^2+c^2-a^2)\times\frac{1}{2}+2\sqrt{3}s\right]$$(用到余弦定理和三角形面积的正弦表示法)

$$=\frac{1}{3}\left(\frac{a^2+b^2+c^2}{2}+2\sqrt{3}s\right).$$

同理可证 O_1O_2，O_1O_3 也等于上述结果，因为这个式子是对称的，所以 $O_1O_2=O_1O_3=O_2O_3$，即$\triangle O_1O_2O_3$ 是等边三角形.

拿破仑内三角形与此证明类似，大家不妨一试.

第 7 章 数列

在我们生活和工作中经常会遇到这样问题：计算堆放好的钢管总数，站队时某一排的人数或者前几排的人数之和，就需要用到数列知识.

本章将学习数列、等差数列、等比数列的相关概念及计算公式，并通过实际例子了解它们在实际生活中的应用.

7.1 数列的概念

7.1.1 数列的定义

问题探索

将正整数从小到大排成一列数为

$$1, 2, 3, 4, 5, \cdots \quad (1)$$

将上列数的倒数排成一列数为

$$1, \frac{1}{2}, \frac{1}{3}, \frac{1}{4}, \frac{1}{5}, \cdots \quad (2)$$

将10的正整数指数幂从小到大排成一列数为

$$10, 10^2, 10^3, 10^4, \cdots \quad (3)$$

某方队共有10排人数，每排人数按照从前到后的顺序排成一列数为

$$10, 12, 14, 16, \cdots, 26, 28. \quad (4)$$

知识链接

像上面的例子中，按照一定次序排列的一列数称为**数列**(sequence of number)．数列中的每一个数都叫做这个数列的**项**．排在第一位的数称为这个数列的第1项(通常也叫做**首项**)，排在第二位的数称为这个数列的第2项……排在第n位的数称为这个数列的**第n项**，其中反映各项在数列中位置的数字1，2，3，4，…，n，…分别叫做对应的**项数**．

项数有限的数列称为**"有穷数列"**(finite sequence)，项数无限的数列称为**"无穷数列"**(infinite sequence)．

数列的一般形式可以写成a_1，a_2，a_3，…，a_n，…($n\in\mathbf{N}^*$)，记作$\{a_n\}$，其中下脚标的数字代表项数．因此通常把第n项a_n叫做数列的**通项**或**一般项**．

注意：数列的"项"与这一项的"项数"是两个不同的概念．例如，数列(2)中第3项为$\frac{1}{3}$，这一项的项数是3.

知识运用

1. 请你说出生活中的一个数列．

2. 设数列$\{a_n\}$为"-10，-5，3，5，7，9，…"，指出此数列中的a_2，a_5的值分别是多少？

3. 数列"2，4，6，8，10"与数列"10，8，6，4，2"是同一数列吗？

7.1.2 数列的通项公式

观 察

正整数从小到大排列成的数列为 $a_1=1$，$a_2=2$，$a_3=3$，…反映这个数列的一般规律可以表示为 $a_n=n(n\in\mathbf{N}^*)$．根据这个规律我们可以写出这个数列中的任意一项，如 $a_{10}=10$，$a_{25}=25$．

10 的正整数指数幂从小到大排成的数列为 $a_1=10$，$a_2=10^2$，$a_3=10^3$，…反映这个数列的一般规律可以表示为 $a_n=10^n(n\in\mathbf{N}^*)$．根据这个规律我们可以写出这个数列中的任意一项，如 $a_7=10^7$，$a_{15}=10^{15}$．

知识链接

如果一个数列的第 n 项 a_n 能够用关于 n 的一个式子来表示，那么这个式子叫做这个数列的**通项公式**．

例如，数列 1，2，3，4，5，… 的通项公式是 $a_n=n$，可以将数列(1)记为 $\{n\}$，数列 10，10^2，10^3，10^4，…的通项公式是 $a_n=10^n$，可以将数列(3)记为 $\{10^n\}$．

知识巩固

例 1 根据下列数列的前 4 项，写出数列的一个通项公式．

(1)2，4，6，8；(2)1，4，9，16．

解 (1)通过观察发现此数列的每一项都恰好是 2 的倍数，所以此数列的一个通项公式为 $a_n=2n$．

(2)通过观察发现此数列的每一项都是此数的平方，所以此数列的一个通项公式为 $a_n=n^2$．

例 2 设数列 $\{a_n\}$ 的通项公式为 $a_n=\dfrac{1}{n+1}$，写出此数列的前 5 项．

解 $a_1=\dfrac{1}{1+1}=\dfrac{1}{2}$；$a_2=\dfrac{1}{2+1}=\dfrac{1}{3}$；$a_3=\dfrac{1}{3+1}=\dfrac{1}{4}$；$a_4=\dfrac{1}{4+1}=\dfrac{1}{5}$；$a_5=\dfrac{1}{5+1}=\dfrac{1}{6}$．

知识运用

1. 根据下列数列的前 5 项，写出数列的一个通项公式．

(1)1，3，5，7，9，…

(2)2，4，8，16，32，…

(3)$\dfrac{1}{1\times2}$，$\dfrac{1}{2\times3}$，$\dfrac{1}{3\times4}$，$\dfrac{1}{4\times5}$，$\dfrac{1}{5\times6}$，…

(4)9，99，999，9999，…

2. 根据下列各数列的通项公式，写出此数列的前 5 项.

(1)$a_n=3n-1$；(2)$a_n=\frac{1}{2^n}$；(3)$a_n=(-1)^n$；(4)$a_n=\frac{2-5n}{3^n}$.

习题 7.1

A 组

1. 根据下列各数列的通项公式，写出此数列的前 4 项.

(1)$a_n=3-2n$；(2)$a_n=(n+1)^2$；(3)$a_n=(-1)^n\frac{1}{n}$.

2. 根据下列数列的前 5 项，写出数列的一个通项公式.

(1)1，4，7，11，15，…

(2)1，8，27，64，125，…

(3)$\frac{1}{2}$，$\frac{3}{4}$，$\frac{5}{6}$，$\frac{7}{8}$，$\frac{9}{10}$，…

3. 判断 72 是否是数列$\{n^2+n\}$中的项，如果是，请指出是第几项.

B 组

根据下列数列的前 5 项，写出数列的一个通项公式.

(1)-1，$\frac{4}{3}$，$-\frac{9}{5}$，$\frac{16}{7}$，$-\frac{25}{9}$，$\frac{36}{11}$，…

(2)5，55，555，5555，…

7.2 等差数列

7.2.1　等差数列的定义

观　察

将正偶数从小到大列出，组成数列

$$2，4，6，8，10，\cdots \tag{1}$$

将正整数 3 的倍数从小到大列出，组成数列

$$3，6，9，12，15，\cdots \tag{2}$$

观察数列(1)和(2)中相邻两项之间的关系，发现有什么规律呢？

知识链接

一般地，如果一个数列 a_1，a_2，…，a_n，…从第 2 项起，每一项与它前一项的差都等于同一个常数，那么，这个数列叫做**等差数列**. 这个常数叫做等差数列的**公差**，公差一般用字母 d 表示.

由定义可知，若数列$\{a_n\}$为等差数列，d 为公差，则 $a_{n+1}-a_n=d$，即

$$a_{n+1}=a_n+d. \tag{7.2.1}$$

上面的两个数列都为等差数列，公差分别为 2 和 3.

知识巩固

例 1 已知等差数列的首项是 20，公差为-3，试写出这个数列的第 2 项到第 6 项.

解 由于 $a_1=20$，$d=-3$，因此

$a_2=a_1+d=20+(-3)=17$；

$a_3=a_2+d=17+(-3)=14$；

$a_4=a_3+d=14+(-3)=11$；

$a_5=a_4+d=11+(-3)=8$；

$a_6=a_5+d=8+(-3)=5$.

知识运用

1. 已知数列$\{a_n\}$为等差数列，$a_4=4$，$d=3$，写出这个数列的第 9 项.
2. 写出等差数列 20，15，10，5，…的第 7 项.

7.2.2 等差数列的通项公式

问题探索

设数列 a_n 为等差数列，首项为 a_1，且公差为 d，那么此数列的通项公式该如何表示呢？

$a_1=a_1$，

$a_2=a_1+d$，

$a_3=a_2+d=(a_1+d)+d=a_1+2d$，

$a_4=a_3+d=(a_1+2d+d)=a_1+3d$，

…

由此类推，$a_n=$？

知识链接

由此可知，首项为 a_1，公差为 d 的等差数列的通项公式为

$$a_n=a_1+(n-1)d. \tag{7.2.2}$$

知识巩固

例 2 已知等差数列$\{a_n\}$的首项为 3，公差为-2，试写出这个数列的通项公式，并求出这个数列的第 4 和第 9 项.

解 由于 $a_1=3$，$d=-2$，则通项公式为

$a_n=a_1+(n-1)d=3+(n-1)\times(-2)=-2n+5$，

即 $a_n=-2n+5$.

因此

$a_4=-2\times4+5=-3$，

$a_9=-2\times9+5=-13$.

例 3　在等差数列 $\{a_n\}$ 中，$a_{10}=11$，公差 $d=\frac{1}{3}$，求数列的首项 a_1.

解　设数列 $\{a_n\}$ 的通项公式为 $a_n=a_1+(n-1)d$.

将 $a_{10}=11$，$d=\frac{1}{3}$ 代入得 $11=a_1+(10-1)\times\frac{1}{3}$，解得 $a_1=8$.

例 4　在等差数列 $\{a_n\}$ 中，$a_3=11$，$a_6=-10$，求此数列的第 10 项 a_{10}.

解　设数列 $\{a_n\}$ 的首项为 a_2，公差为 d，根据题意可得

$\begin{cases}a_3=a_1+2d=11,\\a_6=a_1+5d=-10,\end{cases}$ 解得 $\begin{cases}a_1=25,\\d=-7.\end{cases}$

所以 $a_{10}=a_1+9d=25+9\times(-7)=-38$.

知识运用

1. 下列数列是否为等差数列，若是等差数列，求出公差和通项公式.

(1) -2，2，6，10，14，…

(2) 1，2，4，8，16，…

(3) 5，5，5，5，…

(4) 1，$\frac{1}{2}$，$\frac{1}{3}$，$\frac{1}{4}$，$\frac{1}{5}$，…

2. 求等差数列 2，5，8，11，…的公差、通项公式及第 25 项.

3. 在等差数列 $\{a_n\}$ 中，$a_4=10$，$a_9=35$，求 a_1 和公差 d 的值.

4. 在等差数列 $\{a_n\}$ 中，$a_3=-9$，$a_7=-21$，判断 -108 是否为数列中的项，如果是，请指出是第几项.

7.2.3　等差数列的前 n 项和

趣味数学

高斯很小的时候在数学上就显露出了常人难以企及的天赋，最能证明这一点的是高斯十岁那年，教师彪特耐尔布置了一道很繁杂的计算题，题目是：1＋2＋3＋4＋…＋97＋98＋99＋100＝？老师心里正想，这下子小朋友们一定要算到下课了吧！正要借口出去时，却被高斯叫住了!! 原来，高斯已经算出来了，你知道他是如何算的吗？

高斯告诉大家他是如何算出的：把 1 加至 100 与 100 加至 1 排成两排相加，

也就是说：

$1+2+3+\cdots+98+99+100=100+99+98+\cdots+3+2+1=\underbrace{101+101+\cdots+101}_{100个}$.

共有一百个 101 相加，但算式重复了两次，所以把 10100 除以 2 便得到答案 5050，大家能否根据高斯的想法来研究等差数列的前 n 项和？

知识链接

将等差数列$\{a_n\}$的前项和记作 S_n. 即

$$S_n=a_1+a_2+a_3+\cdots+a_{n-2}+a_{n-1}+a_n. \quad (1)$$

也可以写作

$$S_n=a_n+a_{n-1}+a_{n-2}+\cdots+a_3+a_2+a_1. \quad (2)$$

由于

$$a_1+a_n=a_n+a_1,$$
$$a_2+a_{n-1}=(a_1+d)+(a_n-d)=a_1+a_n,$$
$$a_3+a_{n-2}=(a_1+2d)+(a_n-2d)=a_1+a_n,$$
$$\cdots\cdots$$

将(1)式和(2)式两边相加得到

$$2S_n=n(a_1+a_n).$$

由此可以得到等差数列的前 n 项和公式为 $\boldsymbol{S_n=\frac{n(a_1+a_n)}{2}}$. (7.2.3)

即等差数列的前 n 项和等于首末两项之和与项数乘积的一半.

又因为 $a_n=a_1+(n-1)d$ 代入上式得到

$$\boldsymbol{S_n=na_1+\frac{n(n-1)}{2}d}. \quad (7.2.4)$$

想一想：应用等差数列求和公式(7.2.3)、(7.2.4)该如何选择？

知识巩固

例 5 在等差数列$\{a_n\}$中，

(1)$a_1=-3$，$a_{20}=69$，求 S_{20}.

(2)$a_1=5$，$d=-3$，求 S_{18}.

解 (1)根据已知条件代入公式可得

$$S_{20}=\frac{(a_1+a_{20})\times 20}{2}=\frac{(-3+69)\times 20}{2}=660.$$

(2)根据已知条件代入公式可得

$$S_{18}=18a_1+\frac{18(18-1)}{2}d=18\times 5+\frac{18\times 17}{2}\times(-3)=-369.$$

例 6 等差数列-1，1，3，5，…的前多少项和为 48？

解 根据题意可知 $a_1=-1$，$d=2$，设前 n 项和为 48，可得

$$48=-1\cdot n+\frac{n(n-1)}{2}\times 2.$$

即 $n^2-2n=48$，

解得 $n_1=8$，$n_2=-6$(舍去).

所以此数列的前 8 项和为 48.

知识运用

1. 求等差数列 2，5，8，11，…的前 100 项和.

2. 在等差数列$\{a_n\}$中，$a_3=2$，$a_8=22$，求数列前 20 项和 S_{20}.

3. 根据下列条件求相应等差数列的前 n 项和 S_n.

(1)$a_1=5$，$d=5$，$n=25$；

(2)$a_3=10$，$a_9=-2$，$n=10$.

4. 等差数列 1，3，5，7，…的前多少项和为 100.

习题 7.2

A 组

1. 写出等差数列 2，-1，-4，-7，…的通项公式，并求出此数列的第 22 项.

2. 在等差数列$\{a_n\}$中，

(1)$a_{20}=18$，$d=-3$，求 a_1，a_{10}；

(2)$a_3=11$，$a_9=45$，求 a_5.

3. 等差数列-3，1，5，…的前多少项和为 25.

4. 等差数列$\{a_n\}$中，$a_1=3$，$a_n=12$，$S_n=150$. 求 n，d.

5. 等差数列$\{a_n\}$中，$a_1=-3$，$d=4$，求 S_{20}.

B 组

1. 三个数成等差数列，这三个数的和为 15，三个数的积为 80，求这三个数分别是多少?

2. 等差数列$\{a_n\}$中，$d=-2$，$S_{20}=-380$，求 a_1，a_{20}.

3. 等差数列$\{a_n\}$中，$a_{11}=31$，$S_5=35$，求 a_1，d.

4. 已知数列$\{a_n\}$的前 n 项为 10，7，4，1，…，求此数列的通项公式及前 20 项的和.

7.3 等比数列

7.3.1　等比数列的定义

观察

我国古代著名学者庄子曾提出“一尺之棰，日取其半，万世不竭”. 用现代语言叙述应是：一尺长的木棒，每日取其一半，永远取不完. 这样，每日剩下的部分都是前一日的一半. 如果把“一尺之棰”看作单位“1”，那么就可以得到一个数列

$$1,\ \frac{1}{2},\ \frac{1}{4},\ \frac{1}{8},\ \cdots$$

从上面的例子中看到，数列中的每一项与它的前一项的比都等于$\frac{1}{2}$.

知识链接

一般地，如果一个数列 a_1，a_2，…，a_n，…从第 2 项起，每一项与它前一项的比都等于同一个的常数，那么这个数列叫做**等比数列**，这个常数叫做等比数列的公比，一般用字母 $q(q\neq 0)$来表示.

由定义可知，若数列$\{a_n\}$为等比数列，公比为 q，则 a_1 与 q 均不为零，且有$\frac{a_{n+1}}{a_n}=q$，即

$$a_{n+1}=a_nq. \tag{7.3.1}$$

说明：$a_1=a_1q^0$.

知识巩固

例 1 在等比数列$\{a_n\}$中，$a_1=3$，$q=2$，求 a_2，a_3，a_4，a_5.

解 $a_2=a_1q=3\times 2=6$；

$a_3=a_2q=6\times 2=12$；

$a_4=a_3q=12\times 2=24$；

$a_5=a_4q=24\times 2=48$.

知识运用

1. 指出下列数列是否为等比数列，若是等比数列请求出公比.

(1)$\frac{1}{3}$，1，3，9，27，…

(2)$-\frac{1}{4}$，$\frac{1}{2}$，1，2，…

2. 在等比数列$\{a_n\}$中，$a_3=\frac{1}{4}$，$q=2$，求 a_4，a_5，a_6.

7.3.2 等比数列的通项公式

观 察

设等比数列$\{a_n\}$的首项为 a_1，公比为 q，则

$$a_2=a_1q,$$
$$a_3=a_2q=a_1q^2,$$
$$a_4=a_3q=a_1q^2q=a_1q^3,$$
$$\cdots$$

由此类推，$a_n=$？

说明：$a_1=a_1\cdot q^0$.

知识链接

由此可知，首项为 a_1，公比为 q 的等比数列的**通项公式**为

$$a_n=a_1q^{n-1}. \qquad (7.3.2)$$

知识巩固

例 2　已知等比数列$\{a_n\}$的首项为 2，公比 $q=-2$，求数列的第 5 项.

解　根据等比数列的通项公式 $a_n=a_1q^{n-1}$，得

$$a_5=a_1q^{5-1}=2\times(-2)^4=32.$$

例 3　已知在等比数列$\{a_n\}$中 $a_1=\frac{1}{2}$，$a_4=32$，求公比 q.

解　因为 $a_1=\frac{1}{2}$，$a_4=32$，所以$\frac{1}{2}\times q^{4-1}=32$.

即 $q^3=64$，解得 $q=4$.

知识运用

1. 填空题.

(1)在等比数列$\{a_n\}$中 $a_1=\frac{9}{8}$，$a_n=\frac{1}{3}$，$q=\frac{2}{3}$，则 $n=$________；

(2)已知等比数列$\{a_n\}$中，$a_n=2^{n-1}$，则 $a_3\cdot a_4=$________.

2. 写出等比数列$\frac{1}{3}$，1，3，9，…的通项公式，并写出它的第 5 项到第 8 项.

3. 等比数列$\{a_n\}$的首项是 64，公比为$\frac{1}{4}$，写出它的通项公式，并求出第 6 项.

4. 传说国际象棋的发明人是印度的大臣西萨·班·达依尔，舍罕王要奖赏国际象棋的发明者——达依尔．问他有什么要求，达依尔说："请在棋盘的第 1 个格子里放上 1 颗麦粒，在第 2 个格子里放上 2 颗麦粒，在第 3 个格子里放上 4 颗麦粒，在第 4 个格子里放上 8 颗麦粒，依此类推，每个格子里放的麦粒数都是前一个格子里放的麦粒的 2 倍，直到第 64 个格子，请给我足够的粮食来实现上述要求". 国王觉得这并不是很难办到的，就欣然同意了他的要求.

(第 4 题)

你认为国王有能力满足发明者的上述要求吗？

让我们来分析一下：

由于每个格子里的麦粒数都是前一个格子里的麦粒数的 2 倍，且共有 64 个格子，各个格子里的麦粒数依次是 1，2，4，…，2^{63}.

于是发明者要求的麦粒总数就是 $1+2+4+\cdots+2^{63}$.

知识链接

下面研究如何求等比数列的前 n 项和.

一般地，设等比数列$\{a_n\}$的前 n 项和为 S_n，即

$$S_n=a_1+a_2+\cdots+a_{n-1}+a_n.$$

根据等比数列的通项公式 $a_n=a_1q\,n-1$，上式可以写为

$$S_n=a_1+a_1q+a_1q^2+\cdots+a_1q^{n-1}. \tag{1}$$

将(1)式的两边同时乘公比 q，得

$$qS_n=a_1q+a_1q^2+\cdots+a_1q^{n-1}+a_1q^n. \tag{2}$$

(1)－(2)得

$$(1-q)S_n=a_1-a_1q^n.$$

因此得到，当 $q\neq1$ 时，等比数列$\{a_n\}$的**前 n 项**和公式为

$$\boldsymbol{S_n=\frac{a_1(1-q^n)}{1-q}(q\neq1)}. \tag{7.3.3}$$

又由于 $a_1q^n=(a_1q^{n-1})q=a_nq$，所以式(7.3.1)还可以写为

$$\boldsymbol{S_n=\frac{a_1-a_nq}{1-q}(q\neq1)}. \tag{7.3.4}$$

当 $q=1$ 时，等比数列的各项都相等，

此时数列前 n 项和为 $$S_n=na_1. \tag{7.3.5}$$

注意：在求等比数列的前 n 项和时，一定要判断公比 q 是否为1.

知识巩固

例 4 求等比数列$\frac{1}{2}$，1，2，…的前 5 项和.

解 因为 $a_1=\frac{1}{2}$，$q=\frac{1}{\frac{1}{2}}=2\neq1$，所以根据得等比数列的前 n 项和公式 $S_n=\frac{a_1(1-q^n)}{1-q}$可得

$$S_5=\frac{a_1(1-q^5)}{1-q}=\frac{\frac{1}{2}(1-2^5)}{1-2}=\frac{31}{2}.$$

现在我们看一看本节趣味数学内容中，国王为什么不能兑现他对大臣达依尔的奖赏承诺？

国王承诺奖赏的麦粒数为

$$S_{64}=\frac{1(1-2^{64})}{1-2}=2^{64}-1\approx1.84\times10^{19}.$$

据测量，一般 1000 粒麦子的质量约为 40 g，则这些麦子的总质量约为 7.36×10^{17} g，约合 7360 亿吨．这是大得让人无法想象的数．你说国王怎么可能兑现他对大臣的承诺呢？

例 5　已知等比数列$\{a_n\}$的首项 $a_1=2$，公比 $q=\frac{1}{2}$，前 n 项和 $S_n=\frac{31}{8}$，求 n.

解　根据等比数列的前 n 项和公式 $S_n=\frac{a_1(1-q^n)}{1-q}$可得

$$S_n=\frac{a_1(1-q^n)}{1-q}=\frac{2\left[1-\left(\frac{1}{2}\right)^n\right]}{1-\frac{1}{2}}=\frac{31}{8}.$$

即 $1-\left(\frac{1}{2}\right)^n=\frac{31}{32}$.

解得 $n=5$.

例 6　已知等比数列的公比 $q=\frac{1}{3}$，前 3 项和 $S_3=\frac{13}{3}$，求首项 a_1.

解　根据等比数列的前 n 项和公式可得

$$S_3=\frac{a_1(1-q^n)}{1-q}=\frac{a_1\left[1-\left(\frac{1}{3}\right)^3\right]}{1-\frac{1}{3}}=\frac{13}{3}.$$

解得 $a_1=3$.

所以 $a_1=1$.

知识运用

1. 根据下列各题的条件，求相应等比数列$\{a_n\}$的前 n 项和 S_n.

(1)$a_1=2$，$q=3$，$n=4$；(2)$a_1=1$，$q=2$，$a_n=1024$.

2. 等比数列$\{a_n\}$的首项是 1，公比 $q=-2$，求其前 6 项的和.

3. 已知等比数列$\{a_n\}$的公比 $q=-\frac{1}{3}$，前 4 项和 $S_4=\frac{20}{3}$，求首项 a_1.

4. 已知等比数列$\{a_n\}$的首项 $a_1=4$，公比 $q=\frac{1}{2}$，$a_n=\frac{1}{4}$，求前 n 项和 S_n.

习题 7.3

A 组

1. 已知等比数列$\{a_n\}$的的首项是 2，公比为$\frac{1}{2}$，则此数列的通项公式为__________.

2. 在等比数列$\{a_n\}$的中，已知 $a_1=\frac{9}{8}$，$a_n=\frac{1}{3}$，$q=\frac{2}{3}$，则 $n=$__________.

3. 已知数列$\{a_n\}$满足 $a_{n+1}=3a_n$，$a_1=3$，则它的通项公式是__________.

4. 等比数列$\{a_n\}$中，$a_1=\frac{1}{3}$，$q=2$，求通项公式 a_n 及 a_5 的值.

5. 等比数列$\{a_n\}$的首项是 25，公比是$\frac{1}{5}$，写出它的通项公式，并求出第 5 项.

6. 在等比数列$\{a_n\}$中，首项是 1，公比为 2，求其前 8 项和.

B 组

1. 已知等比数列$\{a_n\}$的公比 $q=2$，且 $a_2+a_3=12$，求 a_1 及通项公式 a_n.

2. 在等比数列$\{a_n\}$中，$a_2=6$，$a_4=24$，求 a_6.

3. 已知等比数列$\{a_n\}$的各项都是正数，$a_1=2$，前 3 项和为 14. 求：

(1)公比 q；(2)数列$\{a_n\}$的通项公式.

本章小结

一、本章知识结构

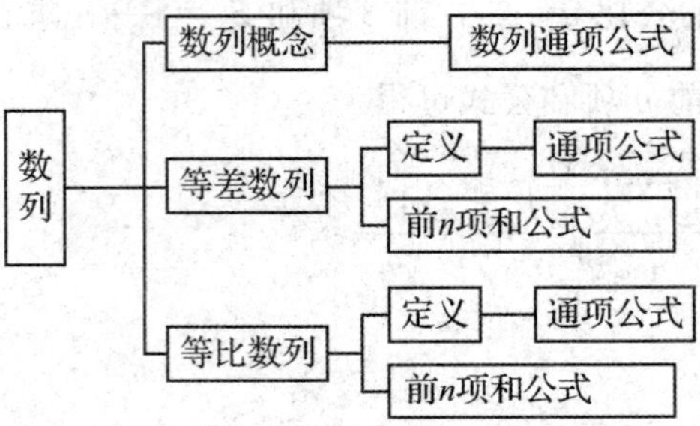

二、回顾与思考

本章主要学习两种特殊数列，理解其定义，并熟练掌握它们的通项公式以及前 n 项和公式 .

1. 等差数列

(1)等差数列的概念

如果一个数列从第 2 项起，每一项与它的前一项的差等于同一个常数，那么这个数列就叫做等差数列，这个常数叫做等差数列的公差，公差通常用字母 d 表示.

(2)等差数列的通项公式

如果等差数列$\{a_n\}$的首项是 a_1，公差是 d，则等差数列的通项为 $a_n=a_1+(n-1)d$.

等差数列的前 n 项和：

①$S_n=\frac{n(a_1+a_n)}{2}$；②$S_n=na_1+\frac{n(n-1)}{2}d$.

2. 等比数列

(1)等比数列的概念

如果一个数列从第 2 项起，每一项与它的前一项的比等于同一个常数，那么这个数列就叫做等比数列，这个常数叫做等比数列的公比，公比通常用字母 q 表示($q\neq 0$).

(2)等比数列的通项公式

如果等比数列$\{a_n\}$的首项是 a_1，公比是 q，则等比数列的通项为 $a_n=a_1q^{n-1}$.

(3)等比数列的前 n 项和

①$S_n=\dfrac{a_1(1-q^n)}{1-q}(q\neq1)$；②$S_n=\dfrac{a_1-a_nq}{1-q}(q\neq1)$；③当 $q=1$ 时，$S_n=na_1$.

等差、等比数列中，a_1，a_2，n，$d(q)$，S_n“知三求二”过程中，同学们要学会用方程的思想来解决问题.

在用等比数列求和公式的时候我们要注意公比 $q=1$ 的情况，学会进行分类讨论.

复习题 7

A 组

1. 选择题.

(1)已知一个等差数列的首项为 1，公差为 3，那么该数列的前 5 项和为(　　).

A. 35　　B. 30　　C. 20　　D. 10

(2)等比数列 $\{a_n\}$ 中，若 $a_3=4$，$a_7=8$，则 $a_{11}=$(　　).

A. 16　　B. 12　　C. 10　　D. 8

(3)各项都为正数的等比数列 $\{a_n\}$ 中，若 $a_3=4$，$a_5=8$，则公比 $q=$(　　).

A. 2　　B. $\sqrt{3}$　　C. $\sqrt{2}$　　D. $\sqrt{5}$

(4)设 $\{a_n\}$ 为等差数列，$a_5=9$，$a_{15}=39$，则 $a_{10}=$(　　).

A. 2024　　B. 2227　　C. 3240　　D. 2633

2. 填空题.

(1)数列：-1，3，-5，7，… 的通项公式为________；

(2)数列 $\{a_n\}$ 中，$a_n=\sin\dfrac{n\pi}{4}$ 的前 5 项依次为________；

(3)等差数列 -1，2，5，…的通项公式为________；

(4)等差数列 $\{a_n\}$ 中，若 $a_{13}=24$，$a_{33}=-8$，则 $a_{23}=$________；

(5)等比数列中，$a_4\cdot a_8=10$，则 $a_3\cdot a_9=$________.

3. 已知等差数列 $\{a_n\}$ 中，$a_4=6$，$a_9=26$，求 S_{10}.

4. 已知等比数列 $\{a_n\}$ 满足 $a_5=-3$，$a_8=81$，求 a_{13}.

5. 已知等比数列 $\{a_n\}$ 中，且公比为正数，若 $a_1=8$，$a_3=2$.

(1)公比 q；(2)此数列 $\{a_n\}$ 的前 5 项和.

6. 首项和公比都相等的等比数列 $\{a_n\}$ 中，若 $a_3=8$. 求：

(1)$\{a_n\}$ 通项公式；(2)前 7 项和 S_7.

B 组

1. 已知等差数列 $\{a_n\}$ 中，$a_1=9$，$a_3+a_8=0$.

(1)求等差数列的通项公式；

(2)当 n 为何值时，数列 $\{a_n\}$ 的前 n 项和 S_n 取得最大值，并求该最大值.

3. 已知数列 $\{a_n\}$ 中，$a_1=22$，$a_{n+1}=a_n-3$. 求：

(1)数列 $\{a_n\}$ 的通项公式；

(2)数列$\{a_n\}$的前 7 项和.

4. 已知等比数列$\{a_n\}$的公比$q=\frac{1}{3}$，$a_3=9$.

(1)等比数列的通项公式；

(2)此数列前 4 项的和.

5. 在等差数列$\{a_n\}$中，$a_1>0$，$3a_4=7a_7$，求S_n取得最大值时n的值.

阅读欣赏

斐波那契数列

斐波那契数列的简介：

意大利的数学家列昂那多·斐波那契在 1202 年研究兔子产崽问题时发现了此数列. 设一对大兔子每月生一对小兔子，每对新生兔在出生一个月后又下崽，假若兔子都不死亡. 一对兔子，一年能繁殖成多少对兔子?

题中本质上有两类兔子：一类是能生殖的兔子，简称为大兔子；新生的兔子不能生殖，简称为小兔子；小兔子一个月就长成大兔子. 求的是大兔子与小兔子的总和.

月份	1	2	3	4	5	6	7	8	9	10	11	12
大兔对数	1	1	2	3	5	8	13	21	34	55	89	144
小兔对数	0	1	1	2	3	5	8	13	21	34	55	89

到十二月时有大兔子 144 对，小兔子 89 对，共有兔子 144+89=223(对).

从上表看出：①每月小兔对数=上月大兔对数.

②每月大兔对数等于上月大兔对数与小兔对数之和.

综合①②两点，我们就有：每月大兔对数等于前两个月大兔对数之和.

斐波那契数列是从兔子问题中抽象出来的，因此斐波那契数列也称为“兔子数列”.

它有一个递推关系，

斐波那契数列：1，1，2，3，5，8，13，21.

如果设$F(n)$为该数列的第n项($n\in \mathbf{N}^*$). 那么这句话可以写成如下形式：$F(1)=F(2)=1$，$F(n)=F(n-1)+F(n-2)(n\geqslant 3)$显然这是一个线性递推数列.

它的通项公式为：$a_n=\frac{1}{\sqrt{5}}\left[\left(\frac{1+\sqrt{5}}{2}\right)^n-\left(\frac{1-\sqrt{5}}{2}\right)^n\right]$.

斐波那契数列的存在：

数学的各个领域常常奇妙而出乎意料地联系在一起：斐波那契数列是从兔子问题中抽象出来的，如果它在其他方面没有应用，它就不会有强大的生命力. 发人深省的是，斐波那契数列确实在许多问题中出现.

自然界中的斐波那契数：花瓣数中的斐波那契数. 大多数植物的花，其花瓣数都恰是斐波那契数. 例如，兰花、茉莉花、百合花有 3 个花瓣，毛茛属植物有 5 个花瓣，翠雀属植物有 8 个花瓣，万寿菊属植物有 13 个花瓣，紫菀属植物有 21 个花瓣，雏菊属植物有

34、55 或 89 个花瓣.

向日葵花盘内，种子是按对数螺线排列的，有顺时针转和逆时针转的两组对数螺线．两组螺线的条数往往成相继的两个斐波那契数，一般是 34 和 55. 大向日葵是 89 和 144，还曾发现过一个更大的向日葵有 144 和 233 条螺线，它们都是相继的两个斐波那契数.

多米诺骨牌(可以看作一个 2×1 大小的方格)完全覆盖一个 $n\times2$ 的棋盘，覆盖的方案数等于斐波那契数列．

从蜜蜂的繁殖来看，雄蜂只有母亲，没有父亲，因为蜂后产的卵，受精的孵化为雌蜂，未受精的孵化为雄蜂．人们在追溯雄蜂的祖先时，发现一只雄蜂的第 n 代祖先的数目刚好就是斐波那契数列的第 n 项 $F(n)$.

钢琴的 13 个半音阶的排列完全与雄蜂第六代的排列情况类似，说明音调也与斐波那契数列有关．

如果一根树枝每年长出一根新枝，而长出的新枝两年以后，每年也长出一根新枝，那么历年的树枝数，也构成一个斐波那契数列.

当你看到斐波那契数列在自然界中如此频繁的出现，从鲜花的花瓣到大树的分叉，从葵花盘上种子顺时针与逆时针旋转两个方向排列的螺旋线到有类似结构的雏菊小花……使人深信这种规律的存在绝不是偶然的。它充分显示了在大自然中，在生命的科学探索中隐藏着无穷的斐波那契数列这样的数学奥秘，它们还在等待着人们去发掘和揭示。